数学
藏在生活里

李其福 | 编著

黑龙江教育出版社

图书在版编目（CIP）数据

数学藏在生活里 / 李其福编著. —— 哈尔滨：黑龙江教育出版社, 2023.3
ISBN 978-7-5709-3526-0

Ⅰ.①数… Ⅱ.①李… Ⅲ.①中学数学课－教学参考资料 Ⅳ.①G634.603

中国版本图书馆CIP数据核字（2022）第240202号

数学藏在生活里
SHUXUE CANGZAI SHENGHUOLI

李其福 编著

选题策划：张　凤
责任编辑：吴朋有娣　周汉飞　田　洁
责任校对：王慧娟
装帧设计：虞　斌
出版发行：黑龙江教育出版社
地址邮编：哈尔滨市道里区群力第六大道1313号（150070）
印　　刷：天津旭丰源印刷有限公司
开　　本：880毫米 × 1230毫米　1/32
印　　张：7
字　　数：130千字
版　　次：2023 年 3 月第 1 版
印　　次：2023 年 3 月第 1 次印刷
标准书号：ISBN 978-7-5709-3526-0
定　　价：42.00 元

序

2002年8月21日，在第24届国际数学家大会上，著名的美籍华裔数学家陈省身先生为"中国数学论坛开幕式"题词——"数学好玩"。这不仅是一位世界级数学大师对数学这门学科的感悟和总结，同时也承载着先生对后辈的无限期许。数学究竟是什么？数学真的好玩吗？本书又是怎样的一本数学书呢？

数学是一切科学的基础，是研究各门科学和技术的工具。与此同时，数学又渗透于生活的点点滴滴。因此，世界各国历来对数学都很重视，尤其是在中国，数学更是每一名学生的必修课。从小学到大学，甚至读到硕士、博士，每一个阶段都需要学习数学，每一个阶段也都要用到数学。很多人从小就开始学习数学，参加各类竞赛，所以数学在中国一直受到大家的重视，也是很有群众基础的!

正如陈省身先生"数学好玩"的题词，数学的魅力在于它能帮助人们解决很多实际生活中的问题，数学蕴藏在生活中的每一个角落。数学从来不是冷冰冰的公式和定理，也不是拒人于千里之外的高深难懂的证明和推导，数学本身蕴藏着智慧的巧思和灵感的光芒。生活中的许多方面都有数学的身影，小到个人的投资理财、交易买卖，大到一个工厂的生产计划、一个项目的进度管理，甚至一项宏观的经济政策，都离不开数学。因此，数学是活生生的学问。因此，本书创作的初衷就是写一本生动有趣、大家都能读得懂、都能从中学到知识的数学书。书中将生活中遇到的问题和一些趣味性较强且蕴含着深刻数学道理的问题进行归纳总结，然后分类讲解。同时，本书还对为什么生活离不开数学及数学教学需要生活化的问题做了分析探究，也期冀对教师的教学有一定指导作用。这样，本书就更"亲民"了，既有实用性，又有趣味性。希望本书可以真正为读者打开一扇重新认识数学的大门，让非专业从事数学研究的人也能在这些妙趣横生的问题中体会数学的乐趣，感悟数学之美，学到应用数学解决实际问题的方法。限于作者水平，书中不足之处在所难免，真诚希望读者朋友批评指正。

编著者

目　录

一、数学是抽象的

什么是数学抽象？

数学抽象（Mathematical Abstraction）是数学哲学的基本概念，从思维的角度看是指抽取出同类数学对象共同的、本质的属性或特征，舍弃其他非本质的属性或特征的思维过程。

在特定的语境中，抽象有时是指"抽象的产物（结果）"，有时是指"抽象的过程"或"抽象的方法"。

从数学的角度看，抽象是数学的特性之一。抽象对于数学学科的建立与发展来说是不可或缺的。可以毫不夸张地说，没有抽象就没有数学的研究对象。同样，数学的推理和应用也都离不开抽象。

数学抽象基本上可划分为以下四种类型。

（1）弱抽象。即从原型中选取某一特征（侧面）加以抽象，使原型内涵减少、结构变弱、外延扩张，获得比原结构更广的结构，使原结构成为后者的特例。弱抽象的关键在于从数学对象的众多属性或特征中辨认出本质属性或特征，从貌似不同的同类数学对象中找出共同的东西。这种抽象思维的法则称为"特征分离概括化法则"。

（2）强抽象。即通过在原型中引入新特征，使原型内涵增加、结构变强、外延收缩，获得比原结构内容更丰富的结构，使后者成为前者的特例。强抽象的关键是把一些表面上看来互不相关的数学概念联系起来，引进某种新的关系结构，并把新出现的性质作为特征规定下来。这种抽象思维的法则称为"关系定性特征化法则"。

（3）构象化抽象。即根据数学发展的逻辑上的需要，构想出不能由现实原型直接抽取的、完全理想化的数学对象，作为一种新元素添加到某种数学结构系统中去，使之具有完备性，即运算在此结构系统中畅行无阻。

（4）公理化抽象。即根据数学发展的需要，构想出完全理想化的新的公理（或基本法则），以排除数学悖论，使整个数学理论体系恢复和谐统一。非欧几何学平行公理、非阿基米德公理等都是公理化抽象的产物。这种抽象思维的法则称为"公理更新和谐化法则"。

数学为什么这么抽象？

1.从算术说起

在幼儿园是这样学数学的。桌上有一个苹果，再放一个苹果，是两个苹果，所以1+1=2（个）。有5个苹果，拿走3个，还剩5−3=2（个）。苹果分成3排，每排5个，共有3×5=15（个）。总之，加减乘除都是很容易的，理解起来毫不费力，但为什么越学下去会发现数学越抽象呢？

算术虽然简单，但是用途非常广泛，不但能用于算苹果和绵羊的数量，还能算一些看起来完全不同的东西。

例如，甲在奔跑，速度是10米/秒，而甲前面有一辆车，车相对于甲的速度也是10米/秒，则可算出车的速度是10+10=20（米/秒）。速度和苹果数量是两种不同的东西，但也同样能用加法计算。又如，有一只足球质量为400克，一脚踢过去，足球飞出去瞬间的加速度是5米/秒^2，可以算出那一瞬间足球受到的力是0.4千克×5米/秒^2=2（牛）。

为什么截然不同的现象都要用到算术呢？因为数学本质上是抽象的。是的，即使幼儿园的数学简单，它本质上也是抽象的。这句话如何理解呢？

有这样一个脑筋急转弯题目：什么时候1加1不等于2？其中一种回答是一滴水加一滴水还是一滴水。又有这样的题目，树上有十只鸟，一枪打下一只，还剩几只？答案是没有了，因为全吓跑了。

上面这些题目能说明算术错了吗？1加1不等于2？10减1不等于9？不能。它只能说明，加法不能用于水滴相加这种情况（或者1不能解释为1滴水），减法不能用于打鸟这种情况。

算术本质上是对一些数字进行运算，规定了它的运算规律。它是抽象的，无论现实世界如何，它都是那样子，永远都是1+1=2、1+2=3……可以对数和运算给予解释，将它与现实世界联系起来。在有的解释下，算术成了很有用的工具，如数苹果。这些数对应着苹果的数量，加法就是将苹果放在一起，苹果的数量规律和算术规律完全相同。[①]又如，算术可用于计算速度、计算受力，因为这些日常现象的规律与算术规律相同。但在有的解释下，这一工具不能用，如水滴和打鸟问题。

正因为数学是抽象的，它可以有不同的解释，所以才会有广泛的应用。它是抽象的，不用做实验检验一个数学定理是否正确，所以它不会错，除非出现自相矛盾。它是抽象的，所以可能有些数学会完全没有用，因为找不到适合它的解释。

人们花了很长的时间才认识到了数学的抽象性。3减5等于几？现在都知道等于-2，但负数究竟存不存在，人们争论了很久，因为那时人们还不理解数学的本质。-2个苹果存在吗，这是什么意思？后来发现-2可以理解为欠了两个苹果。能将负数开方吗？$\sqrt{25}$是5，但$\sqrt{-25}$存在吗？它是多少？后来将这类数称为虚数，规定了它们的运算规律，将它们纳入数学中。再后来，发现可以在坐标系中表示虚数，还发现它们在物理上有很多应用。

---

① 可以想象出不符合算术规律的苹果，如两个苹果放在一起突然消失了，但这时算术仍然是正确的，只是在这里它不能用了。

数学本质上是抽象的，就算负数和虚数没有找到解释，在现实中没有任何应用，只要它们不出现矛盾，就可以将它们加到数学中去。

之所以觉得小学数学简单，是因为这些数学运算是从熟悉的日常经验中总结出来的，尽管它们本质上不依赖于这些经验存在，可以有其他的解释。深入学下去，会觉得数学越来越抽象，那是因为学到了一些更深层、更普遍的结构，它们不是直接来源于生活经验。

2.布尔代数

数学是抽象的，它的元素和运算都可以人为规定。因此，可以构造不同的算术，如布尔代数。下面通过布尔代数来体会一下数学的抽象性。

二元布尔代数是具有广泛应用的抽象数学里最简单的。数学都是抽象的，这里特别指出抽象数学，是指这类数学先有抽象的运算，并不知道这运算在现实世界中意味着什么，后来才找到应用，或者是根本没有应用。

实际上，相对来说布尔代数不算抽象，因为很容易将布尔代数与日常生活结合起来。很多数学远离日常生活经验，比它抽象得多复杂得多。这里只谈二元布尔代数，所以下面说的布尔代数都是指二元布尔代数。

（1）布尔代数的定义。它只包含0和1两个元素，分别有三种运算：乘法运算、加法运算和负运算。

①乘法运算：

$0 \times 0 = 0$；$0 \times 1 = 0$；$1 \times 0 = 0$；$1 \times 1 = 1$。

②加法运算：

$0 + 0 = 0$；$0 + 1 = 1$；$1 + 0 = 1$；$1 + 1 = 1$。

③负运算：

$0' = 1$，$1' = 0$。

在布尔代数中，$1 + 1 = 1$，与通常的算术不同。$1 + 1 = 2$在这里肯定是不成立的，因为这里根本没有2这个元素。那有没有矛盾呢？1加1究竟等于1还是等于2？在布尔代数里，是没有矛盾的，这里是另一个体系。0、1、+、×这些符号只是碰巧和以前的算术符号相同，完全可以用别的符号代替。例如，用m代替0。用n代替1。就如同苹果这个词，既可以指某种水果，也可以是手机品牌，它们只是碰巧名字相同而已。

规定运算的优先顺序是负运算、乘法运算、加法运算。

因此，$a+(b \times c)$ 与 $a+b \times c$ 是同一个式子，而 $(a+b) \times c$ 与 $a+b \times c$ 不是同一个式子。

理论上还可以定义其他的运算，但上面这三种运算已经够了，其他的运算都可以用它们构造出来。

举个例子，定义一种 Å 运算：

1Å1=0，1Å0=1，0Å1=1，0Å0=0。

可以证明：

$a \text{Å} b = a \times b' + a' \times b$。

Å 运算又称异或运算。

在这种简单的代数里，也有各种各样的定理。例如，任何运算都可以用加法、乘法、负运算构造出来，而且有一种固定的方法来找到这种构造。

（2）布尔代数的应用。布尔代数有什么用呢？其实，其用处很多，对元素和运算的解释不同，就有不同的应用。

①在逻辑学的应用。把 1 理解为真，0 理解为假，+ 理解为或者，× 理解为并且，'理解为并非。

【例1】太阳是三角形的。因为这句话是假的，所以它的真值是0。太阳并非是三角形的，这句话的真值是0'，即1，也就是真的。由此可知，一个命题的真值是a，则它的否定是a'。

【例2】张三是男性，并且李四是女性。这句话包含两部分，两部分都是真的它才真，有一部分是假的，它就是假的。例如，李四如果不是女性，这句话就假了。

这句话的真值可用$a \times b$表示，a和b都是1，$a \times b$才是1，如果a和b有一个是0，则$a \times b$的值就是0。

②在电路设计的应用。布尔代数在电路中有极重要的应用，人们天天用的手机和电脑的电路设计都离不开布尔代数。下面举例说明如何用布尔代数来帮助设计实现加法的电路。

在数字电路中，有两种电压，分别是低电压和高电压，又称低电平和高电平，对应着0伏和5伏（有时是其他的数值）。把布尔代数中的0理解成低电平，1理解成高电平。注意，这里0和1对应的是不同的电压状态，它与具体的电压数值没有关系，如刚才说的高电平是5伏，但这里用1而不是5表示。

数字电路里有门电路，可以将电压在不同的状态间进行转换。三种布尔运算对应的是下面三种电路。

负运算对应的是非门（图1）。非门总是把电平从一种状态转换成另一种状态。例如，输入低电平，则输出高电平；输入高电平，则输出低电平。

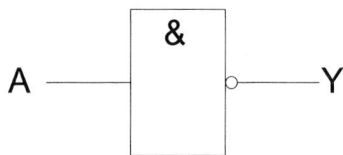

图1 非门

加法运算对应的是或门（图2）。A和B有一个高电平，则Y高电平；A和B两个都低电平，则Y低电平。

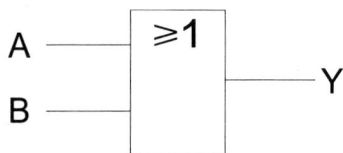

图2 或门

乘法运算对应的是与门（图3）。在与门中，输入A和B中有一个是低电平，则Y输出的是低电平；A和B都是高电平，则Y是高电平。

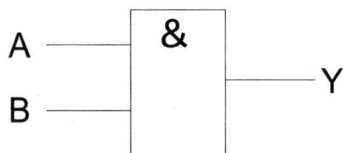

图3 与门

现在想用这些门电路实现一位数的加法运算，该怎么办？因为只有低电平和高电平两种状态，所以只能有0和1两个数字，只能采用二进制。即0+0=0，0+1=1，1+0=1，1+1=10。注意，这里的+是通常的算术加号，而不是布尔代数的加法运算符号，所以这里用斜体表示。因为是二进制，所以这里的10相当于通常的2。

下面设计一种电路，有输入A和B，输出C和S。A是输入的第一个加数，B是输入的第二个加数，S对应的是结果的第一个数，C对应的是结果的第二个数，它们的关系见表1。

表1

A	B	C	S
0	0	0	0
0	1	0	1
1	0	0	1
1	1	1	1

表格中A、B、C这三个数的关系对应着与运算A×B=C，所以用与门实现。

A、B、S这三个数的关系对应着另一种运算，刚好是上面说的Å运算，即C=AÅB= A×B' + A'×B，也可用相应的门实现。

这样实现的电路称为半加器，具体电路图如图4所示。

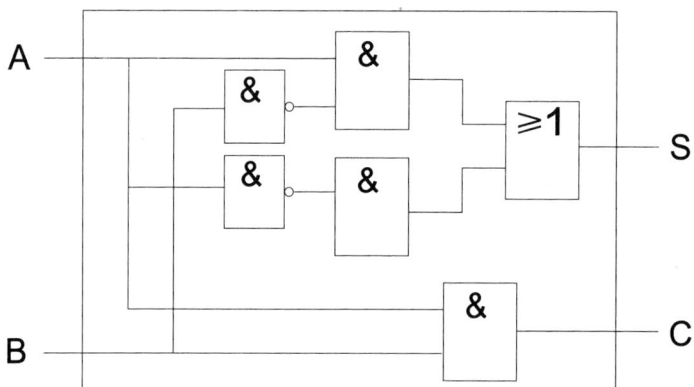

图4 半加器

二、生活离不开数学

　　从小学一年级开始，直到高中三年级，这12年的时间中，年年都要学习数学。在中小学课程中，数学、语文、外语并称三大主课，世界各国大都如此，这主要有以下三方面的原因。

　　（1）数学与语文、外语一样，也是一种语言，它是科学的语言。它使用数字、符号、公式、图象、概念、定理等位置关系，帮助人类认识世界、探索未来。不懂数学，就不能理解科学。

　　（2）数学对于培养、训练人的理性思维十分有益。如果说语文能用来表示人的感情、愿望、意志，进行形象思维，那么数学主要用来进行概括、抽象、推理和论证等理性思维。数学严格精确，从不含糊，对于培养人的思维能力是必不可少的。

　　（3）数学用途广泛，小到上街买东西，大到设计飞机、火箭，控制卫星运行，全都离不开数学。数学是科学发展的基础，它的发展进步推动了科学技术的向前发展。

有的同学并不喜欢学习数学，常常是为了应付考试才去努力学习的。其实，中小学课本中讲授的数学知识都是数学的基础内容，是今后生活、工作、学习中不可少的，如加减乘除要反复计算，做起来很枯燥，但实际上哪里都能用上，买东西算账、丈量土地、从事设计，哪一样又能离开数学呢？

数学是研究数与形的科学，凡是有"数量大小"和"形状位置"的事物都离不开数学知识。因为数学具有抽象性的特点，所以看上去很枯燥，但它往往会出人意料地不知在什么地方就派上用场，让你大吃一惊。

统计无处不在

数字统计是现代社会不可少的，大到国家每隔一定年限对全国人口进行的普查统计，小到一位老师在考试结束之后对学生的成绩进行分数统计。如今，统计学的理论和方法不仅得到了广泛的应用，还改变着人们对世界的认识。那么，统计是怎么出现的呢？

早在17世纪，有一位叫约翰·格朗特的英国商人对政府公布的死亡表进行了研究。他发现因各种疾病、自杀和五花八门的事故而导致死亡的人数所占的百分比是基本不变的，而因传染病死亡的人数所占的百分比波动较大。1662年，他把自己的研究成果被收录在名为《对死亡表的自然观察和政治观察》一书中，这本书被称为"真正统计科学的开端"。

统计学就是用于对足够多的反映社会现象的量进行观察研究，并揭示其规律的科学。

例如，考察人的智力情况。任意选择一些人，用设计好的试题测试他们的智力。测试的结果是：他们的智力分布呈现出一条钟形曲线。即智力一般的人占绝大多数，智力低下和智力超常的人均占少数。而且，测试的人越多，曲线就越呈钟形。人类的智力在总体上服从一种确定的定律，这一规律只有依靠统计学的研究才能发现。

现代统计学有什么特点呢？

（1）现代统计在概率论的基础上建构了其独特的数学

方法。

（2）统计采用抽样的方法，注重由样本（抽出的样品称为样本）对总体进行推断。

（3）统计离不开大量的观察，并分析观察结果的规律性。

（4）统计学必经研究科学的有效实验设计（如智力测验中试题的设计）。

进入20世纪以来，统计学获得了迅速的普及和巨大的发展。试想：在自然科学领域里的物理化学、地质学、遗传学，在社会科学领域里的经济学、社会学、管理学，甚至民意测验、资产评估、产品销售、犯罪案件等，哪一项都离不开统计，统计真是无处不在的。

0的意义不是没有

上学以后学习算术课，便认识了0这一数字。那么0是什么含义呢？若用手指数铅笔盒内铅笔的数目，1代表一支铅笔，而0便表示无铅笔，即0的意思就是没有；若你学过减法，则10

减10等于0，意思是说减没了，好像10个苹果让人吃掉了，最后一个不剩。看来0确实表示没有。

平常0是表示没有，可是它的意义不只表示没有，有时还有其他的意义。

例如，在人们日常生活当中，天气的冷热程度用气温来表示，它随着一年四季的交替而不断变化。像0℃表示什么含义呢？它表示冰和水混合在一起的那个温度，自0℃以上为零上，17～22℃即最适于人类生活的温度；自0℃以下则称为零下，零下温度绝对值越大则越寒冷。

又如，在计算机内使用的0与1就不是算术上的0与1了，它分别代表电平的高低状态，1表示高电平，0表示低电平，这时的0绝对不是没有，而是一种相对较低的概念。

还有许多例子都能说明0在生活中有许多含义，不只表示算术内的没有。实际上，0本身一样充满了矛盾。像任意多个数与0相加，0并不能改变它们和的值；但许多个数相乘时，只要其中有一个数是0，它的乘积就是0。看0的威力有多么大啊！要解决这样的矛盾问题，一定要知道数学上的概念都是相对的，绝不是不变化的，0也是这样。

0在数学上是一个十分重要的数字，0至1的飞跃便体现了从无到有的过程，而1至百、千、万的变化也体现了很多的不同。0不只表示"没有"，而是为"有"奠定了基础。但在生活中，0较多地表示一种状态，为0以下与0以上的状态提供了可参照的标准，它的含义并不是只用"没有"就能说清楚的。

为什么 1+1 可以等于 1？

初学算术时，就已经知道1+1=2了，这是确定无疑的。假如有人做加法1+1的得数不是2，就要得0分。但是，当学到了二进位制的计数法后，就知道在二进位制里1+1=10而不是1+1=2了。这是因为在二进位制里，根本就没有2这个数字。

现在这里又写了这样一个等式1+1=1。到底是什么道理呢？这叫作逻辑代数中的加法。

逻辑代数也与二进制数一样，只有两个符号：1和0。但是二进位制数里的1确实表示一样东西，1是真正的数；0则表示没有，但它也是真正的数字。在逻辑代数中，1和0并不是数字而是符号。在一般的逻辑电路中，1表示电路是通的，0表示电路是断的。

例如，在一个电路中，E是电源，P是一只小的灯泡。电路通了电以后，小灯泡P就发光，这时的符号是1。电路断电以后，小灯泡P就不发光，这时的符号是0。

A和B就是两个开关。合上就通电，断开就停电。现在假如开关A合上，开关B断开，则电路通过开关A接通了，灯泡P亮了，得1。

假如开关A断开，开关B合上，则电路通过开关B接通了，灯泡P亮了，也得1。

现在假如把开关A及开关B都合上，两条电路全接通了，那就应该是1+1了，但是灯泡P只可以发同样的亮光，所以还是得1。

因此，用数学式子来表示，就是1+1=1。

从上述这几种情况来看是完全正确的，开关A合上了是1，开关B合上也是1，开关A和B一起合上了还是1，这究竟是为什么呢？

这就是逻辑代数的加法。

在我国科技迅猛发展过程中，逻辑代数这样的数学知识会慢慢变为人人都应该知道也能了解的常识。从逻辑代数中可以知道，0和1并不只是代表数，还代表一种情况。因为有许多有关数字计算习惯用的法则，所以在逻辑代数里就会产生一些新的概念。

数学家可以很成功地把楼梯开关的种种情况通过一个数学式变成0和1，并组成有趣的逻辑关系。日常在使用着的楼梯开关竟与数学密切地联系起来了，你想到过吗？

为什么会有"+、−、×、÷、="这些运算符号？

"+、−、×、÷、="这五个运算符号相信大家都懂得它们的意义及其用法，在高等数学里当然少不了它们，但是它们的来历却经历了一段十分曲折的发展过程。

古希腊与印度人不约而同地都把两个数字写在一起，表示加法，如$3+\frac{1}{4}$就写成了$3\frac{1}{4}$。直到现在，从带分数的写法中还可能看到这种方法的痕迹。

若要表示两数相减，就把这两个数字写得离开一些，如$6\frac{1}{5}$的意思就是$6-\frac{1}{5}$。

于是，后来有人用拉丁字母的P（Plus的第一个字母，意思是相加）代表相加；用M（Minus的第一个字母，意思是相减）代表相减。例如，5P3就表示5+3，7M5就表示7-5。到中世纪后期，欧洲商业开始变发达。许多商人常在装货的箱子上画一个"+"，表示质量超过一些；画一个"-"，表示质量还不足。文艺复兴时期，意大利的艺术大师达·芬奇在他的一些作品中也采用过"+"和"-"的记号。公元1489年，德国人威德曼在他的著作中开始正式用这两个符号来表示加减运算。后来又经过法国数学家韦达的大力宣传及提倡，这两个符号才普及，到了1630年才最终获得公认。

在我国，以"李善兰恒等式"而闻名的数学家李善兰也曾用"｜"表示"+"，用"▲"表示"-"。因为当时社会上普遍使用筹算及珠算来进行加、减、乘、除，所以还没有创立专用的运算符号。

后来人们开始采用印度数码1、2、3、4、5、6、7、8、9、0（称为阿拉伯数码，但发明者却是印度人），同时也采用了"＋"和"－"的记号。至于"×""÷"符号的使用,大约也不过三百年。传说英国人威廉·奥特来德于1631年在他的著作中用"×"表示乘法,于是后人就把它沿用到今天了。

中世纪时,阿拉伯数字十分发达,还诞生了一位大数学家阿尔花拉子密,他曾经用"$\frac{3}{4}$"表示3被4除。大多数人认为,现在通用的分数记号来源就是出于这里。至于"÷"的使用,可追溯到1630年一位英国人约翰·比尔的著作中。人们估计他大概是根据阿拉伯人的除号"～"与比的记号"："合并转化而成的。

在国内,人们也曾把单位乘法称为"因",单位除法称为"归",被乘数称为"实",乘数称为"法",乘的结果称为"积"。在除法中,尽管被除数与除数又称"实"与"法",但它们相除的结果却称为"商"。

现代许多国家的出版物中都是用"＋""－"来表示加与减的,"×""÷"的使用则远没有"＋""－"普遍。例如,一些国家的课本中用"·"来代替"×"。曾经在苏联或德国出版物中很难看到"÷",大多用比的记号"："来代替。实际上,比的记号用法可以说与"÷"基本一样,可以不必再画出中间的一条线。因此，"÷"现在用得越来越少了。

在这些符号当中，等号是相当重要的。古巴比伦及古埃及曾用过各种记号来表示相等，但是最先得到公认的是古代大数学家丢番图的记法esti和isas，简写为is。它们在中世纪用来表示相等的记号有过特别大的混乱。第一个使用近代"="的是雷科德的名著《智慧的磨刀石》，但"="直到18世纪才被普及，当时"="的两条线的长度经常被画得相当长。雷科德也曾说，他选择两条等长的平行线作为等号，是因为它们再相等不过了。

商品上的条形码

不难发现，超市里各种商品上都贴着一组平行排列、宽窄不一的黑白条纹，这就是条形码。付款时，收银员用一种特殊的设备在商品的条形码上一扫，商品的名称、价格等信息就被读到计算机里了，真是又简单、又快速，太方便了。条形码为什么能存储商品的价格信息呢？

条形码是由黑色和白色的条纹组成的，但是这些条纹本身的长度和宽度并不一样，有的宽些，有的窄些，有的还要长一些。请仔细观察几个不同商品的条形码，虽然它们表面上看起来很相似，但绝对是有差别的，用肉眼就能看得出来。其实，这些条纹的长短、粗细、颜色的变化代表了商品的信息。正如以前使用数字表示商品的名称（如C91代表铅笔）和价格（如铅笔的价格是0.50元）一样，随着计算机技术的发展，人们想要使用条形码来表示这一切，其在本质上是一样的，只是表示的方法不同而已。

条形码的出现与计算机科学的发展密不可分，它是随着计算机的普及而产生的新型技术，又称条码技术。条形码表示的信息只能使用计算机设备来读取，收银员用来扫条形码的设备是光电阅读设备，又称光笔。当光照到条形码上时，黑白条纹产生很大的对比，从而转化成不同强弱的电流，计算机根据电流和信号的不同查找出保存在存储器里的数据，就得到了商品的信息。奇妙的是，从左到右或从右到左扫描条形码都可以，读出的信息是一样的。条形码的出现大大提高了工作的效率，也保证了信息传递时准确无误。

再仔细看看条形码，会发现一组条形码的下面还有一串字符，实际上这也是条形码的一个组成部分。加入这一串可以供人们识别的字符，目的是考虑到在识别条形码的设备出现问题的情况下，这些字符就有用处了，它也是商品信息的代码。

条形码可以直接印刷到商品的包装上，而且现在它也不局限于黑色、白色了，但必须是两种对比反差很强烈的颜色才行。条形码技术广泛应用于人们的生活中，几乎所有出版的图书都印有条形码，这极大地方便了借阅和购书的需要，就连汽车工业也有自己的条码系统呢！

地砖为什么一般是正方形或正六边形?

地砖的花色品种很多，可是它们一般不是正方形就是正六边形。这是什么缘故呢?

在正多边形中，只有三种图形能用来铺满一个平面，而中间没有空隙，这就是正三角形、正方形和正六边形。这是因为正三角形的一个角等于60°，六个正三角形拼在一起时，在公共顶点上的六个角之和等于360°；正方形的一个角等于90°，所以四个正方形拼在一起时，在公共顶点上的四个角之和刚好等于360°；正六边形的一个角等于120°，三个正六边形拼在一起时，在公共顶点上的三个角之和刚好等于360°。

如果用别的正多边形，就不能达到这一要求了。例如，正五边形的一个角等于108°，把三个正五边形拼在一起，在公共顶点上的三个角的和是108°×3=324°，小于360°，就有空隙。而空隙处又放不下第四个正五边形，因为108°×4=432°，大于360°。

六个正三角形拼在一起，虽然没有空隙，但是它不及正方形和正六边形好看，所以在艺术设计上一般较多用正方形和正六边形的地砖。

汽油桶、热水瓶为什么都是圆柱形？

汽油桶、热水瓶等都是用来装液体的容器。不知平时注意过没有，装液体的容器大都是圆柱形的，这是否有数学方面的道理呢?

每生产一件容器，都希望可以用最省的材料来装一定体积的液体，或者说用同样多的材料做成的容器中选用容积最大的那个。

在平面几何里学过计算圆面积及一些正多边形的面积或周长的方法。例如，一个面积为100平方厘米的正方形的周长是40厘米；同样面积的正三角形的周长大约等于45.6厘米；同样面积的圆的周长只有35.4厘米。也就是说，面积相同时，在面积相等的圆、正方形与正三角形等图形中，正三角形的周长最大，正方形的周长次之，圆的周长最小。因此，装同样体积液体的容器中，假如容器的高度一样，那么侧面所需的材料以圆柱形的容器最为节省。因此，汽油桶、热水瓶等装液体的容器都是圆柱形的。

有没有比圆柱形更为省料的形状呢? 依据数学原理，用相同的材料做的一些容器中，球形容器的容积总要比圆柱形的大。就是说，做球形的容器能节约材料。但是，由于球形的容器易滚动而且放不稳，它的盖子也不容易做，因此这种形状的容器不实用。

放固体的容器，如盒子、箱子、柜子等，为什么不去做成圆柱形的呢？尽管做圆柱形的容器相当省料，然而在装固体东西时却不经济，因此通常要把它们做成长方体的形状。

照相机为什么用三角架而不用四角架？

你肯定见过照相机专用的三角架，它伸出来三条长长的腿，稳稳地托住上面的照相机，这样拍出来的照片就不会因为拍摄者手的轻微抖动而使画面变得模糊了。除照相机的三角架外，拍电影所用的摄像机也都有一个三脚架，往往脚上还有副轮子，以方便摄像机自由移动。

在生活中有四条腿的东西也很多，像桌子、椅子和各种鞋架子、超市里的货物架等，不是都很稳当吗？为何照相机不用四脚架，而用三脚架呢？

这是因为照相机利用了一个很重要的原理：不在同一条直线上的三个点，能确定一个平面，而且只能确定这一个平面。

也就是说，那个平面是唯一性的，只可能有一个，绝对不可以有第二个。照相机的三个脚便构成三角形的各个顶点，这三点刚好构成了三脚架底面的唯一平面，三脚架上边的照相机便稳当地固定在这个平面上，因为是唯一的平面，所以照相机才不会晃动，不会影响拍摄的效果。

在生活中也有这样的体验：有时因为地面不平整，所以椅子的一条腿总上下地动，一会儿向上，一会儿向下，使坐在椅子上面的人很不舒服。由于不在同一条直线上的三个点构成一个唯一平面，但椅子都有四条腿，相当于有四个点了，所以它们中的三点便构成了一个平面，剩下的那个点可能在这个平面上，也可能不在这个平面上。当椅子的第四条腿不在另外三条腿构成的平面上时，这条腿便会悬着，椅子自然便摇晃了。

照相机若使用四脚架，就一定要保证四条腿同时在一个平面上才能稳定，这便要求地面十分平整。若地面不平，照相机便放不稳当。桌子、椅子与各种架子一般都是摆放在室内的，地面都很平整。但照相机可不一定全在屋内使用啊，有时还要在森林内、山坡上拍照，那便不如使用三脚架了。三脚架对地面无要求，无论地面情况如何，照相机总能放得稳稳当当。这便是照相机使用三脚架的原因。

你有过野营露宿经历吗？是否还记得大家生了火，便支起三根木棒，在上面垂吊瓦罐来煮饭烧水呢？这与照相机三脚架的原理是一样的，只不过这次是把瓦罐吊在了上面而已。下次野炊时，可一定要多多留意应用啊！

游泳圈又称救生圈的数学解释

只要学习过游泳的人便都有使用游泳圈的经历。当套上五彩缤纷的游泳圈在水里游泳、嬉戏时，是否想到过游泳圈的浮力有多大呢？为何它能把一个人托在水面上呢？而它的浮力是如何计算出来的呢？用数学知识可以知道，把游泳圈充满气之后的体积乘水的密度，然后再减去游泳圈自身的质量，再乘 g（9.8N/kg），得到的结果便是游泳圈所有的浮力。

水的密度一般在计算中可以取 $1g/cm^3$，即每 cm^3 的水的质量是 1g。下面看看游泳圈的体积该如何计算。

要先把游泳圈充好气，然后再用有刻度的直尺来测量一下下面三组数据。

①环形的宽度w，它是游泳圈的环的宽度。要注意，在测量时要让尺的延长线通过游泳圈的中心轴线，测量出的数据会比较准确。

②游泳圈的高h。让游泳圈平放在地上，量出它的高度。

③充好气之后游泳圈的内径r。

有了这三组数据后，游泳圈的体积便可以按下列公式计算出：

$$V=\frac{1}{2}\pi\pi wh\left(r+\frac{1}{2}w\right)$$

其中，π 为圆周率，取 $\pi=3.14$，w、h、r 分别为充气之后游泳圈的环宽度、高度与内径长度。具体计算一下，市面上出售的一种没充气时最外边的圆直径是75cm的塑料游泳圈，充足气以后量得环宽$w=17$cm，环高$h=13$cm，环内径$r=15.5$cm，质量为170g。把这些数据代入计算公式里就可以得出：

$$V=\frac{1}{2}\times3.14\times3.14\times17\times13\times\left(15.5+\frac{17}{2}\right)\approx26148\left(cm^3\right)$$

这样，这种游泳圈所具有的浮力大约是：

$$\left(26148cm^3\times1g/cm^3-170g\right)\div1000\times9.8N/kg\approx254.6\left(N\right)$$

因为人在水中也受到来自水的浮力，若再加上游泳圈自身的浮力，便会把人托出水面，所以游泳圈又称救生圈。

卡拉OK大赛评分时为什么要去掉最高分和最低分？

校园卡拉OK大赛正在进行，一位同学唱完后，6个评委亮出了分数（10分为满分），由小到大依次为9.00、9.50、9.55、9.60、9.75、9.90分。按评分规则，去掉最高分和最低分，将其余4个得分做平均，该同学的最后得分是：

$$（9.50+9.55+9.60+9.75）÷4=9.60（分）$$

为什么要去掉最高分和最低分呢？这是为了剔除异常值。异常值就是过高或过低的评分，通常是裁判疏忽，或者欣赏兴趣特别，甚至规避在个别情形下有意褒贬的发生。为减少异常值对正确评分的影响，去掉最高分和最低分是合理的。

这与数学上的中位数的概念有一定的联系。什么是中位数呢？还是来看上面的例子，依次排列的6个数字中，处在中间的第3个和第4个数字的平均数就是中位数，即

$$（9.55+9.60）÷2=9.575（分）。$$

如果评委的人数是奇数，如取前5个数字，则中位数是9.55，即第3个数字。处在中位数左边的数值，只要不大于中位数，任意改变其数值，并不会改变中位数的值。同样，处在中位数右边的数值，只要不小于中位数，任意改变其数值，也不会改变中位数的值。由此可知，中位数的数值不受特大或特小极端值的影响，而平均数则会受到每个数值的影响。因此，中位数有时比平均数更能反映平均水平。例如，某个班级10个同学参加某项考试，有两人旷考算0分。10人得分从小到大依次为0、0、65、69、70、72、78、81、85、89分，则其平均数是：

（0+0+65+69+70+72+78+81+85+89）÷10=60.9（分）

得65分的同学，其分数超过了平均数，按说属于中上水平了，但其实不然。如果除去两名旷考的，他就是倒数第一名，这里平均数就没有真正反映平均水平。

那么，干脆剔除这两个异常值，按8个人平均行不行呢？当然不行。这时，只有取中位数比较合适。中位数是第5名和第6名分数的平均值，即（70+72）÷2=71（分）。超过71分是中上水平，低于71分是中下水平。这里，中位数才是真正的

"中等水平"的衡量标准。

　　当然，平均数也有优点，即考虑到了每个数字的作用。而去掉最高分和最低分的评分方法正是吸收了平均数和中位数这两种方法的优点，既去除了异常值，又发挥了大多数评委的作用，是比较合理的方法。

三、数学教学需要生活化

"要使学生感受数学与现实生活的密切联系，初步学会运用所学的数学知识和方法解决一些简单的实际问题。"可见，数学课堂教学与生活的联系很紧密，将数学学习与学生的实际生活相联系，从学生熟悉的生活情景和感兴趣的事物出发，为他们提供观察和操作的机会，使学生有更多的机会从周围熟悉的事物中学习数学和理解数学，体会到数学就在身边，感受到数学的趣味，而且还要激发学生运用数学解决实际问题的兴趣，培养探索精神、应用意识和实践能力，做到学以致用，进一步体会数学的作用和价值，感受到数学的魅力。

1.数学教学生活化的重要性

教学生活化就是将教学活动置于现实的生活背景中，从而激发学生作为生活主体参与活动的强烈愿望，让他们在生活中学习，在学习中更好地生活，从而获得有活力的知识，并使情操得到真正的陶冶。

数学教学生活化是指数学教师从学生已有的生活背景和生活经验出发，在此基础上，联系学生已经学习过的数学知识，引导学生运用数学的思维方式去观察、分析社会问题，并且能够运用数学知识和方法独立解决实际问题。数学教学生活化要求教师根据学生的生活环境、思维方式和已有的数学知识基础，引导学生学习研究生活中抽象出来的数学问题，这样不仅可以加深学生对初中数学基础知识的理解及记忆，而且还可获得更多的数学思想方法。创设学生熟悉的生活情境或为学生提供可以实践的机会，会使学生正确地认识数学与生活的密切联系。传统的应试教育背景下，许多人误认为学习数学等同于了解定理的证明、背诵，以及套用公式、熟读例题及操练习题。数学生活化教学能够解决传统教学模式的不足，在帮助学生学好理论基础的同时，也使他们能够学以致用。

数学教学生活化是改变中学数学现状的需要。生活中周围处处有数学，时时会碰到数学问题，数学问题教学是来源于生活，而又应用于生活之中的。脱离生活实际的数学教学，会使学生的思维因缺乏具体生动信息的支持而阻塞。因此，要在教学中把生活问题数学化，把数学问题生活化。

数学教学生活化是中学数学课程改革的需要。由于数学在现代社会中的作用日益凸现，而数学学习却与社会实际相脱离，因此，数学课程改革提出教学要紧密联系学生生活实际。数学教学应该从学生的生活经验和已有的知识背景出发，向他们提供充足的从事数学活动和交流的机会，帮助他们在自主探索的过程中真正理解和掌握基本的数学知识与技能，以及数学思想和方法，同时获得广泛的数学活动经验。

2.优化数学课堂教学

兴趣是最好的老师。浓厚的学习兴趣，可以使人的大脑处于最活跃的状态，能够最佳地接受教学信息。浓厚的学习兴趣，能有效地诱发学习动机，促使学生自觉地集中注意力，全身心地投入学习活动中，让学生利用数学知识来解决实际问题，培养学生应用数学的能力。

（1）重视知识形成的过程，培养学生用数学的意识。数学概念和数学规律大多是由实际问题抽象出来的，因此在进行数学概念和数学规律的教学中，不应当只是单纯地向学生传授这些数学知识，而应当从实际事例或学生已有的知识出发，逐步引导学生对原型加以分析和抽象、概括，弄清知识的抽象过程，了解它们的用途和适用范围，从而使学生形成对学数学、用数学所必须遵循的途径的认识。

（2）精心设计练习，把数学知识应用于生活实际。美藉匈牙利裔数学家波利亚曾说过："数学教师的责任是尽其可能来发展学生解决问题的能力。"可见，体会数学的意义和价值，联系生活实际理解并掌握知识，不是最终目标。学以致用，应用所学的知识去发现、分析，直至解决生活中的问题，才是最终的目标。数学源于生活，更应该应用于生活。

（3）加强建模训练，培养建立数学模型的能力。建立适当的数学模型，是利用数学解决实际问题的前提。建立数学模型的能力是运用数学能力的关键一步。在教学中，可以对选编的一些实际问题（如利息、股票、利润、保险等问题）引导学生观察、分析、抽象、概括为数学模型，培养学生的建模能力，通过建模训练，可以让学生体会到数学中的定义、概念、定理、公式等都是从现实世界中经过逐步抽象、概括而得到的数学模型，与现实世界有千丝万缕的联系，并且可以反过来应用于现实世界解决各类实际问题。

　　总之，数学应用的基本素质是未来任何一层次的人都必须具备的基本素质，作为现在的学生，对数学应用能力的重视和关注将对他一生产生重大影响。为此，在新课程改革实验中，应该始终坚持将数学知识的学习置于学生生活的大课堂中，无论是课前、课中还是课后都应该紧密与生活实际相结合，让学生在熟悉的情境中学习数学、理解数学、运用数学，体会到数学的内在价值。让学生都能在数学课堂中接触生活、感悟生活，学习生活中必需的数学，才能更好地实践课改精神、深化课程改革、推进素质教育。

四、数学生活化教学案例

数学生活化要求老师在教学过程中注重课堂教学内容与学生生活经验相结合，使学生在自己熟悉的环境中学习，在学习的过程中体会学习数学的快乐与成功，从而提高学生的学习积极性。课堂是一座桥梁，将课本上、生活中、过去的、现在的内容连接起来。只有数学知识回归到生活实际中，学生才能慢慢获得应用数学的能力，才能获得成功的快乐。数学教学应以学生的活动为途径，解决实际生活问题。用数学解决实际生活问题是数学生活化教学的最终环节，既体现了数学作为一门科学学科的价值，也培养了学生在生活中抽象出数学问题、解决问题的能力。

例如，北京师范大学出版社出版的（下简称"北师大版"）初中数学教材引入有理数概念的过程中，与数学生活化相关联的有在知识竞赛、生产、生活、科研中经常遇到的数的表示与数的运算问题，然后列举了与生活息息相关的三个例子，即知识竞赛评分标准、全国居民消费价格和温度的变化，最后总结到数的产生和发展离不开生活与生产的需要。这说明了生活在数学教学中占有很大的比例，教师教学过程中不仅要注意这一点，而且更要将课本中的例子进行改进，尽量与学生身边的例子结合起来。

研究开始于问题，问题产生于情境。因此，教师根据教学内容和学生的特点设计出一个好的情境和问题，这样才能激发学生探究数学的兴趣，并明确探究的方向和目标。数学教学活动实际上是一种思维活动，主要培养学生从实际生活的情境中抽象出数学模型，深入研究后得到数学结论和解决问题的数学思维能力。

1.课堂引入时，使用生活化教学

在北师大版或人民教育出版社出版的（下简称"人教版"）数学课本中，每章的开始都会给出一些与学生生活相联系的例子，借此引出所要学习的内容。教师在导入新内容时，除可以借助课本中给出的例子外，还可以在上课前给学生布置家庭作业，布置的作业与将要学习的内容相关。例如，在学习正数与负数时，可以先让学生去搜集生活中有哪些负数，它们代表的含义又分别是什么，在定义这些负数与正数时又是怎样区别的……这样由学生自己提供来自生活的数学素材，学生会感觉更熟悉，也能体会到生活中数学的样子，具有亲历性、情境性、具体性、个体性、原创性等特征。现在大部分学生都感慨作业太多，而且作业都是千篇一律的，对学生的数学综合能力提升作用并不大，只是让学生掌握做题的技巧，提高学生的做题速度。但采用这种比较新颖、开放的作业，则学生对作业的兴趣也会大大提高，作业完成的质量也会提升。

在正式进入课堂之后，老师根据学生收集到的例子进行分析，继而引出接下来要学习的内容。这样的教学过程可以增强学生的应用意识，找到数学概念在生活中的原型。数学是一门抽象的学科，尤其是其中的数学概念。初中生从生产、生活中逐步抽象出数学概念的过程，不仅是明确数学概念的需要，也是在学生心目中树立一种目标，要让数学概念走向生活。学生通过具体事例找到生活中的数学规律，进而学会用数学"语言"描述生活。

（1）数的范围扩充到实数类。数的认识是学生学习数学的基础，自然数到有理数再到实数是初中生认识和学习数的过程。下例是学生学习七年级上册有理数过程中的一个案例，以此来说明数学生活化教学在课堂引入过程中如何使学生认识到负数在生活中哪些地方会出现，又会起到怎样的作用。

【例3】小勤同学通过捡卖废品，攒下了零花钱，表2是他5月份零花钱的一些收入和支出情况：

表2 5月收支账单

日期	收入或支出/元	结余/元	备注
3日	+5.50	11.50	卖废品
10日	+4.50	16.00	卖废品
16日	−10.80	5.20	买故事书

表2中哪些数是以前没学过的，与学过的数又有什么区别？这些数都是什么意思？你还能举出一些这样的例子吗？

学生思考讨论，并举例说明。

学生学习的第一阶段，主要是在一定程度上通过直观教学实现的。在本节课的教学中，通过从生活中的一个卖废品的例子中抽象出正负数，深刻地展示了数学来源于生活。用从生活中抽象出实例来进行授课，要比直接运用课本中的实例更直观，教学效果也更好。

（2）函数类。函数是初中生接触到的一个新的概念，接受能力差的学生在学习过程中会因为没有对比、没有参照而很容易学得云里雾里，从而失去对函数的兴趣。一次函数、二次函数、反比例函数和锐角三角函数是初中要学习的重要内容，也是难点内容。下面以《乌鸦喝水》这个学生耳熟能详的童话故事为问题背景，创设情境，引入新课，说明数学生活化教学在一次函数教学中是怎样进行的。

【例4】老师先播放视频《乌鸦喝水》，然后请学生们思考：假设故事中，瓶子为圆柱形，每个石子体积相同，瓶里原有水深 5 厘米，放一粒石子水位上升0.3厘米，那么放x粒石子后，水瓶的水深y厘米怎样表示呢？

学生：$y=0.3x+5$。

教师：y是x的函数吗？

教师：y是x的正比例函数吗？为什么？

学生思考讨论后回答。

这样的课堂导入符合学生的心理与学习经历，使学生倍感亲近，体验到函数概念的实际背景，感知数学源于实际生活，既开门见山、切入主题，使学生初步体会运用数学思想建立函数模型的过程与方法，又提高了学生学习一次函数的兴趣。

（3）方程、不等式类。此类一共有五章，其中方程居多。学生在小学时接触过方程与不等式，但是初中关于此类知识的难度明显加大。这不仅要求学生思维更加缜密，对学生的抽象能力要求也更高。下例通过让学生在学习一元一次方程时体会小学和初中解题方法的不同，从而体会使用方程的便捷。

【例5】通过与学生的悄悄对话，教师问学生年龄，再猜想教师年龄的方式进行算式和方程的对比。

①教师：已知某学生的年龄是12岁，而且知道教师的年龄除以2减去4就是该学生的年龄，让学生猜教师的年龄。

学生：都会用算术方法处理得到：

$$（12+4）×2=32（岁）$$

②教师：教师今年32岁，学生今年12岁，几年后教师的年龄是学生的2倍（可以只列式）？

学生：假设 x 年后，教师的年龄是学生的2倍，则

$$（12+x）×2=32+x$$

根据现场调查，大部分学生都用方程来处理，只有一个用算术方法处理。

本环节的师生互动：①中学生都能用算术方法猜出教师的年龄，②中请学生讲解了用方程处理，同时也发现有学生用算术方法处理，也让学生展示了自己的思路。

根据七年级学生的好奇心理，课前先通过神秘感对话激起学生的学习兴趣，同时带着一些自我调侃的形式活跃课堂气氛，可以迅速拉近师生之间的距离，再让学生体会，对于比较复杂的问题，利用算术方法解决很难理解，而利用方程来处理则比较简便。让学生初步感受从算式到方程是数学的进步，同时引出课题。初中生的好奇心强，老师在教学中结合学生心理特点创设出的教学情境，调动了学生的积极性。

在初中数学内容中，不等式虽然只有一章，但却是不可缺少的一章。以下面探究不等式的性质为例，通过在具体情境中引入不等式，引导学生通过类比等式的性质，探索不等式的基本性质，理解不等式的性质与等式性质的区别和联系。学生对实际情境的问题分析后，再经过习题训练，最终学会运用不等式的基本性质对不等式进行简单变形，并能解决简单问题。通过小组合作探究不等式基本性质的活动，培养学生合作交流的意识和大胆猜想、敢于探究的精神。他们也从数学学习活动中获得了成功的体验，树立了自信心。学生通过运用不等式的性质对实际问题进行探究，认识到数学与现实生活的密切联系，学会用数学的眼光观察、分析生活。

【例6】全国各地兴起的共享单车为民众的出行提供了极大的便利。哥哥和妹妹通过收集资料，获得了两个城市两种品牌的共享单车投放量，如图5所示，并展开了思考。

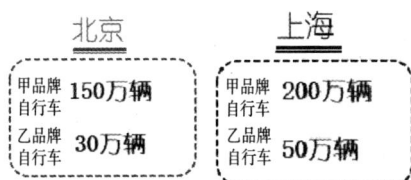

图5 北京与上海两座城市中两种品牌的共享单车投放量

从信息中提取出不等关系，如图6所示。

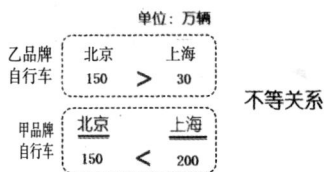

图6 北京与上海共享单车数量比较

接下来学生讨论，老师总结，给出定义。类似于$x>y$、$a<b$、$m \geq n$、$p \geq q$这样的式子就是不等式。

熟悉又新奇的事物往往能引起学生内心深处的好奇心和求知欲，根据学生的这一特性创设一个有吸引力的初始情境，吸引学生以饱满的热情投入新知识的学习中。教师通过共享单车的实例展示，创设不等式情境，导入新课，为学生营造了有趣的学习环境，激发了学生学习的主动性。

（4）几何、三角类。生活中事物的物理特征和颜色特点会影响学生对图形形状的判断，所以必须锻炼学生从生活中的大小图形中直观想象出几何图形的能力。下例是以相似图形这一章节为例，通过生活中大量的实例引入相似图形的概念，让数学回到学生熟悉的实际生活中，通过几何直观的教学，激发学生的学习兴趣。

【例7】生活中有很多丰富的图形，有些要放大看，有些要缩小了看。

观察：图7中三组图形有什么共同特征？

图7 三组相似图形

引出定义"形状相同的图形称为相似图形"。

思考：定义中对"大小"有要求吗？它们的大小是否相

同？答案是没有要求，大小可以相同，可以不相同。

判断：全等图形是相似图形吗（图8）？

根据定义，全等图形是相似图形的特殊情况。

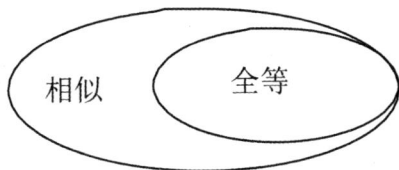

图8 全等图形与相似图形的关系

通过三组生活中的图片，可以让学生观察、感受到其形状相同，从而给出相似图形的定义，引导学生总结出相似图形的特点，并指出其与全等图形的不同之处。

（5）统计、概率类。学生在生活中会遇到各种各样的数据收集、整理、分析的问题。学生经历思考过的问题，当学生再一次遇到时，这些内容很容易再现。下例以平均数为例，教师创设情境主线，使学生在通过分析来选择恰当的统计量解决实际问题的过程中，理解权的作用和加权平均数的意义。

【例8】学校打算招聘一名英语教师，对甲、乙两名应聘者进行了听、说、读、写的英语能力测试，两名应聘者成绩如下。

甲的成绩分别为85、78、85、73分；乙的成绩分别为73、80、82、83分。

问题1：如果学校要招一名综合能力较强的英语教师，应该以两名应聘者的什么成绩为标准？最终应该录用谁？

学生A：可以以他们的总成绩为依据。

甲的总成绩为85+78+85+73=321分。

乙的总成绩为73+80+82+83=318分。

321分>318分，应录取甲。

学生B：可以以他们的平均成绩为依据。

甲的平均成绩为321÷4=80.25分。

乙的平均成绩为318÷4=79.5分。

80.25分>79.5分，应录取甲。

问题2：如果学校要招一名笔译能力较强的英语教师，用算术平均数来决定录用他们当中的一人，合理吗？

听、说、读、写的成绩按照2:1:3:4的比例确定，应该录取谁？2:1:3:4说明了什么？

学生：不合理。

甲的平均成绩为：

$$85 \times 20\% + 78 \times 10\% + 85 \times 30\% + 73 \times 40\% = 79.5 分$$

乙的平均成绩为：

$$73 \times 20\% + 80 \times 10\% + 82 \times 30\% + 83 \times 40\% = 80.4 分$$

79.5分＜80.4分，应录取乙。

在教学过程中，教师逐个提出问题，学生一步步思考解决问题的方案。若回答不全面，教师再引导学生发现：笔译能力应侧重于读、写成绩，而算术平均数表示各项成绩一样重要，因此算术平均数不能衡量他们的成绩。问题2主要引导学生说出题目中的2：1：3：4，说明听、说、读、写各项成绩所占的比例，然后给学生充分的时间思考，再小组讨论，得出解决问题的方法。最后教师引导学生比较问题1和问题2的结果，说明结果发生变化的根本原因。

问题2让学生感受到不能平等看待每项成绩，应试者的平均成绩必须体现对读、写成绩的侧重，从而体会到权重的生成过程。

通过以上案例的分析可以看出在课堂引入时实施数学生活化教学的方法及应注意的一些问题。

通过丰富的实例，让学生合作探讨，教师进行引导并点评分析，建立数学模型，最终根据数学模型给出接下来要学习的概念。或者教师根据学生收集到的实例进行分类，整理出其中较经典的实例，引导学生去发现其中蕴含的数学知识，并把它抽象出来，作为学习知识的切入点。学生在经历了由实际问题抽象出数学概念的过程，更能体会到这个数学模型是如何刻画现实世界的数量关系的。而且学生通过自己收集到的实际问题，更能深刻地体会其中情境，也能感受到在学习、生活中这个数学知识的实际意义。在课堂引入时，让学生收集一些简单例子，这是常规的做法。现在大多数教师的做法是自己准备好实例让学生去分析。丰富多彩的社会生活为数学课堂教学提供了取之不尽、用之不竭的素材，教师在选取时不仅应注意选取接近于学生的生活的素材，以吸引学生的注意力，还应注意在符合教学内容的基础上要有代表性，并能突出教学内容的重点和难点。

2.深入探究时，使用生活化教学

看待任何一个问题都不应该只看到它们的表象。那么，如何透过问题的表面去找到问题的本质呢？数学教学中所需要的具有典型代表性的教学素材，其实现实世界已经提供给教师了。怎样激活这些素材，不断挖掘这些素材背后所隐含的数学知识呢？这是数学教学生活化的关键所在。深入学习数学知识的过程就是将数学知识不断地从生活实践中抽象出来进行分析，再将得到的结论应用到生活实际中去。因此，初中数学生活化的教学，除要注重选择生活化的教学素材外，也要注重教学内容的生活化。为此，数学教学生活化必须使学生不断增强自主学习的主体意识，在不断地抽象概括、应用知识、再抽象概括、再应用知识中促使他们更快地获得数学的几项核心素养：数学抽象、直观想象、数学建模和数学运算能力。

（1）函数类。函数一直是困扰学生的一座大山，而且函数与自变量之间的一一对应关系是学生从未接触过的新型关系。一次函数的讲解需要有足够多的实例来帮学生巩固其建立过程。

【例9】老师展示例子，请同学们思考下列问题中两变量间是否是函数关系。若是，请写出函数关系式。

①在20~25℃时，蟋蟀每分钟鸣叫次数C与t（℃）有关，即C的值约是t的7倍与35的差，$C = 7t-35$（$20 \leq t \leq 25$）。

②一种计算成年人标准体重G（kg）的方法是，以厘米

为单位量出身高值h，再减常数105，所得差是G的值，$G = h-105$。

③某城市的市内电话的月收费额y（单位：元）包括月租费22元和拨打电话x分钟的计时费（按0.1元/分钟收取），$y=0.1x+22$。

④某登山队大本营所在地的气温为5℃，海拔每升高1千米，气温下降6℃，登山队员由大本营向上登高x千米时，他们所在地的气温是y℃，写出y与x之间的关系式，有$y=-6x+5$。

通过四个问题得到四个函数，引导学生在分化和类化各式的特征中发现一类不同于正比例函数的函数，训练学生的数学建模与数学抽象思维能力，进一步引出研究一次函数的必要性，并为类比、抽象、概括出一次函数的定义做铺垫，让学生在思考、对比、分析、类比、迁移中自己构建一次函数的概念模型。

（2）方程或不等式类。在方程的学习中，正确找出问题中的未知量和其中的等量关系是学好一元一次方程也是学好方程类问题的关键。

【例10】根据下列问题，设未知数并列出方程。

①爷爷想要围一个周长为20米的正方形篱笆，养鸡和兔子，这个篱笆的边长为多少米？

相等关系：篱笆边长的4倍等于20米。

解：设篱笆的边长为x米，则

$$4x=20（米）$$

教师引导学生根据以上例题解决的过程进行总结，并得出根据实际问题列方程的一般步骤（图9）。

图9 根据实际问题列方程的一般步骤

学生活动：积极参与问题的讲解，思考列方程处理实际问题的一般步骤，以及为何经历以上步骤。

本节课的一条主线是围绕处理贴近生活的问题进行的。这样不仅能让学生体会到数学是为应用而生的，而且可以提高他们的学习兴趣，同时提高他们分析、思考、总结的能力。

②有若干只鸡和兔子，它们一共有35个头，94只腿，请问鸡和兔各有几只？

解：相等关系，鸡头+兔头=35，鸡腿+兔腿=94。

设鸡有 x 只，则兔有（$35-x$）只，即

$$2x+4（35-x）=94$$

还能列出其他的方程吗？

本环节教师讲解的重点是学生如何把文字相等关系转化成数学式子。

教师在利用有趣又实用的例子调动学生的积极性后，不能轻易舍弃这个例子进入接下来的学习，而要延续这个例子，对其进行深入分析，进而导出接下来要分析的数学问题。

不等式问题与一元一次方程对比，主要难在不等号的方向和是否包含等号。符号的种类和相关性质更多，学生需要正确掌握这些符号语言和不等式的性质，下例展示了一个很好的方法。

【例11】同学们思考并讨论下面这些问题：以例6共享单车题目为例，若两家品牌在北京都再多投放相同数量的单车，两家投放量会有什么样的关系？

此时，教师加以引导："="没有方向性，意味着两边的数量关系是相等的，所得结果仍是等式，而不等号">""<""≤""≥"具有方向性，对比二者的不同，接下来应该重点研究不等号在方向上的变化。

假如两家品牌都再多投放 1 万辆，则第一家为150+1（万辆），第二家为30+1（万辆），可以看出 151>31。

假如两家都多投放 2 万辆，则第一家为150+2（万辆），第二家为30+2（万辆），可以看出 152>32。

若两边加上的是相同的量，则可以用相同的字母a表示，能得到150+a>30+a。下面以共享单车为例，可以依次得到不等式的其他性质。通过多媒体以不同的方式呈现，题型多样，生动活泼，能激发学生的探究愿望，满足学生多样化的学习需求。在此例中，老师并没有像传统教学那样简单罗列出不等式的几项基本性质，而是让学生自己分析共享单车中的一组问题，学生通过观察、猜想、讨论和验证得出结论，由简单的思考开始，逐步加深、深化，不断地激发学生作为学习主体的主动性，每一位学生都在动脑思考、动手练习。这为接下来的难点学习打好了基础，并且储备了充足的动力，这充分地体现了建构主义的自主、自发的理念。

在上述深入学习过程中，学生不仅对生活中的不等式实例有了更深的认识，对不等式的性质有了更加深入的理解，还发展了自主探究能力和自学能力。

（3）几何、三角类。讲解相似图形时，先让学生简单了解相似的概念，然后根据相似的特点去寻找自己生活中都有哪些形似图形，并将其抽象成数学中的相似多边形。这样不仅可以提高学生的参与性和积极性，而且让他们感受相似图形离自己的生活很近。

【例12】把生活中的相似形即图7抽象成相似多边形，如图10所示

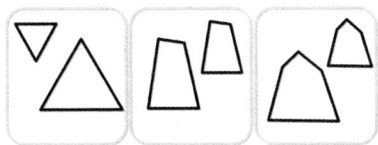

图10 三组相似多边形

尝试给抽象出的三组几何图形命名，列举生活中的相似多边形。

练习：判断图 11 中各组图形是否相似。

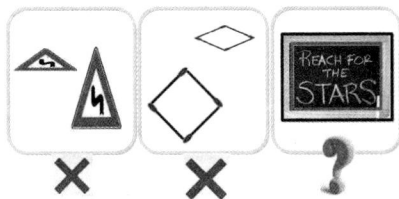

图11 三组不相似图形

学生在生活中找到的相似图形有大小国旗、三角板、地

图、照片。图11中前两组图形不相似，因为横向或纵向拉伸或压缩了，形状发生了改变。第三组图形中不相似，为什么呢？因为利用几何画板把外边缘的矩形的长和宽按相同比例缩小后，发现不能与内边缘矩形重合。

教师利用几何画板，将数学知识与生活中的例子结合起来，这样创设出来的生活情境不仅能让学生主动参与进来，还可以帮助学生更快、更好地学习抽象的数学概念。

三角类问题主要有三角形与全等三角形，学生在小学时期接触过此类知识，初中将小学中的这类问题深化，教师不能再让学生简单地去量一量、测一测了，而是需要通过更新颖的方法让学生学习。

【例13】师生活动：学生动手操作，剪出等腰三角形（图12），并通过观察，在教师的引导下对等腰三角形的性质进行大胆的猜想，得出结论。

问题：将自己手中的等腰三角形纸片对折，观察重合的线段和角，你有什么发现？

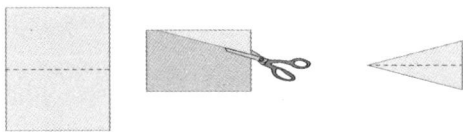

图12 等腰三角形的制作过程

学生：

①等腰三角形的两底角相等；

②折痕是等腰三角形顶角的平分线；

③折痕是等腰三角形的中线；

④折痕是等腰三角形的高；

⑤折痕分得的两个三角形全等。

学生借助自己亲手制作的学具，展开探究活动，通过观察、思考、猜想、交流，逐步体会研究几何图形的基本思路，通过直观想象、大胆猜想，在探究过程中积累数学学习的经验，也体现了由特殊到一般的过程。

（4）统计、概率类。在教学过程中，教师如果以学生在学校真实发生过的事情为例，更容易调动学生的注意力，因为这是与学生的切身利益息息相关的。

【例14】问题一：学校组织的演讲比赛，评委按演讲效果占10%、演讲能力占40%、演讲内容占50%计算参赛选手的综合成绩（百分制）。A、B 两位选手的成绩见表3，试比较谁的成绩更好。

表3 演讲比赛成绩

选手	演讲内容	演讲能力	演讲效果
A	85	95	95
B	95	85	95

问题二：某校八年级一次数学考试中，一班的平均分是 90 分，二班的平均分是 95分。你能求出这两个班的数学平均分吗?

师生活动：教师先让学生思考，再倾听学生的想法，然后教师给出人数，只列式不计算，最后教师再总结此题中人数是"权重"，进而总结出"权重"的三种形式：比例、百分数、频数。

这是一道十分贴近学生生活又容易做错的题目，设计这道"缺少条件"的题目，目的是让学生在"错"中再一次顿悟到"权重"的作用，生活化教学将生活中的统计类问题和加权平均数有效地联系起来，让学生再次深刻体会"权重"对平均数的影响及其表示形式。

直观性是能促进学生的抽象思维发展的。在以上的例题中，广泛使用的符号的直观性（图形、图像、图式、图表）把所要研究的事实、现象和过程与其他的性质分开，并表现为一种更纯粹的数学形式。

学生通过从生活中抽象出数学问题，用数学的基本思想方法和技能解决寻找到的问题，从生活实例中感悟到数学的思想和方法。学生在初中数学中学习到的思想方法，如分类讨论、将难的转化为简单的、用熟悉的代换不熟悉的等，在生活中应用很广泛。细心观察会发现：生活中很多解决问题的思考方式和解决方案中隐藏的思想与方法，其实就是中学生在数学中学习到的思想和方法。因此，教师在进一步引导学生深入探究知识点时，不直接将解题方法告诉学生，而是先引入学生在平时生活中解决问题的办法，为数学的思想方法做铺垫，这样学生更容易理解，也更容易将学习到的数学知识应用到自己的生活中。其实这个过程就是学生先去收集生活中的例子，然后根据生活素材构建"数学模型"，这样学生就会感觉到数学"鲜活"起来，而不只是数学课本中的一个个枯燥的公式和定理了，这对学生今后的生活和学习也会产生有利影响。

3.课堂总结时，使用生活化教学

总结是数学生活化教学过程中由理性认识升华到感性认识不可缺少的环节。要把一节课学习的数学知识分为几类，它们虽然最终都需要用同一数学公式来解决，但是在解决这些数学问题时，使用的数学思想方法有时是不同的。因此，在总结这部分数学知识时，之前学生提到的例子和老师补充的例子就应放在一起进行对比分析，找出它们的不同点和共同点，进行归纳总结。这是课堂总结的精华所在，也是教师引导学生要把收集到的例子分类的原因。例如，在总结用一元二次方程解决实际问题的一般步骤时，可以把收集到的问题分为三类：数字问题、传播问题、销售问题。它们的建模过程、解题方法存在很大的不同。

（1）函数类。

函数课的总结不单是总结函数的定义，还包括从生活中得到函数定义的过程、函数与其他相似定义的比较等。图13所示为关于函数的知识树或结构图。

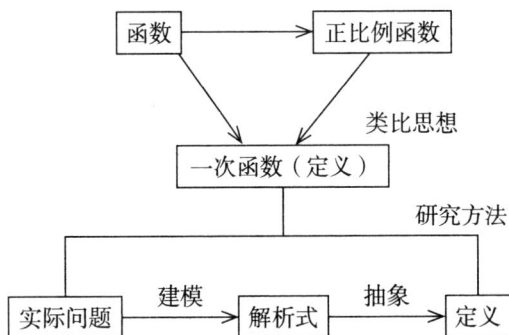

图 13 关于函数的知识树或结构图

创设反思情境，搭建交流平台，学生在小结归纳的基础上，及时将新知识纳入已有的知识系统，加深概念的理解与思维的升华。

（2）方程、不等式类。方程的总结不只是解方程过程的总结，还应包括从实际问题中抽象出方程的步骤。实际问题列方程的一般步骤如图14所示。

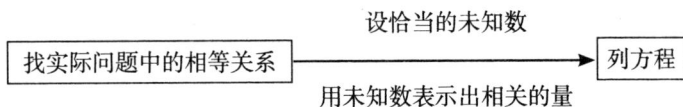

图 14 实际问题列方程的一般步骤

不等式的性质内容的总结如图15所示。

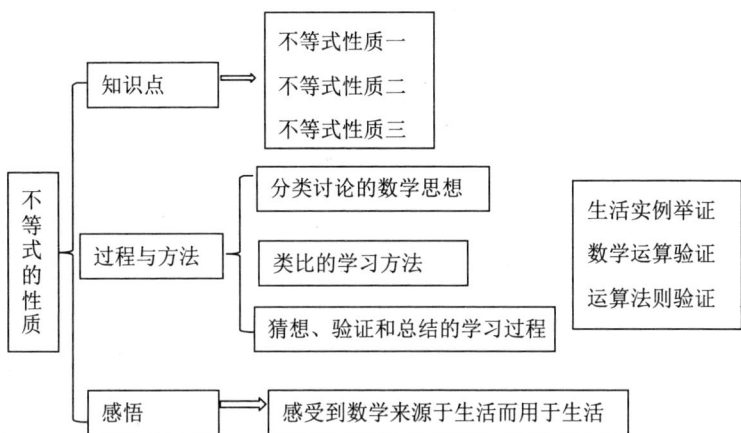

图 15 不等式的性质内容的总结

（3）几何、三角类。数学来源于生活，回归于生活，经历了这样一个过程的课堂教学才是圆满的。相似图形内容的总结如图16所示。

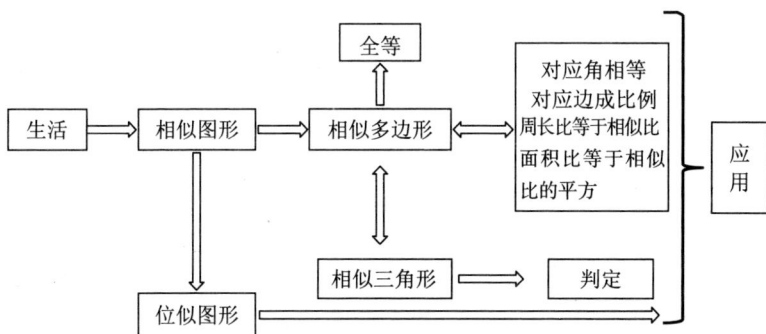

图 16 相似图形内容的总结

通过问题的设置，引导学生回顾了自己的学习过程，畅所欲言，加强反思，提炼知识，进行方法的归纳，从而在学生的记忆中形成对相似图形的清晰印象。

（4）概率、统计类。通过总结，帮助学生学会用数学语言描述和分析生活问题，这样也可以加深学生对概念的记忆。

教师：（1）如何求加权平均数？（2）权有什么作用？（3）权一般以哪些形式出现？

问题（1）是引导学生回顾加权平均数的计算方法；问题（2）是引导学生回顾权的意义和作用；问题（3）是引导学生根据生活中的实例归纳权的三种常见形式。通过在课堂中采用来源于生活的教学例子，让学生在真实的问题解决过程中掌握这部分数学内容，体会数学来源于生活，用数学知识去解决生活中的问题。

教师在课堂总结时，不仅仅强调本节课的重难点，而且要通过知识结构图将本节课学习的知识串联起来。这样，学生学习到的就不只是一个个孤零零的公式或定理等，而是一个有联系的有机整体。

4.课后练习时，使用生活化教学

通过课堂学习，学生是否真正掌握了数学知识，又是否学会了怎样去运用，这些都需要在课后通过练习去考查和检验。生活化教学的最后一步就是将学习到的知识、技能运用到生活中。实际上，要想增强学生对知识的掌握，就要让学生去解决生活问题，这不仅提高了学生的实践能力，更能让学生在解决实际问题的过程中获得成功的喜悦。

（1）函数类。一般来说，教师在课堂伊始提出的问题一定要当堂解决，为所学数学的应用价值增强说服力。

【例15】在前面《乌鸦喝水》的故事中，假设瓶子为圆柱形，每个石子体积相同，瓶里原有水深 5 厘米，放一粒石子水位上升 0.3 厘米，瓶高 10 厘米，乌鸦嘴长 2 厘米，投入的石子的个数为 a，请分组写出下列变量关于 a 的关系式：

①水面的高度 x；

②水面上升的高度 y；

③水面与瓶口的距离 z。

活动要求：将班级人数分为 3 组，小组合作讨论。其中 1~3 组完成 x 与 a 的关系式，4~6 组完成 y 与 a 的关系式，7~8 组完成 z

与a的关系式。在小组讨论后给出结果。

教师：在上面的几种情况中，每种情况最少投入多少个石子，乌鸦把嘴伸进瓶子里，正好可以喝到水？

追问1：借助三个函数关系式求得，最终投入石子的个数一样吗？

追问2：通过一致的结果可以得到什么启示呢？

小组讨论：本环节教师用不同的两个变量解决同一问题，虽然函数解析式不同，但殊途同归，求得的两组结果一致，说明建立函数解析式时，所设自变量与函数可以不一样，但不影响问题解决的结果。

在本节课中，教师通过引导学生从具体问题中抽象出数学问题，通过解决数学问题得到结果再回归到原本的例子中去。经过反复把一次函数与生活联系起来，学生对一次函数有了更深的理解。同时，在学习的过程中，他们的数学核心素养也在潜移默化中不断提升。

（2）几何、三角类。教师引导学生运用所学知识时，要从数学的视角去看待世界，帮助学生巩固所学知识。

【例16】师生活动：展示一组具有开封地方建筑特色的图

片，如图17所示，从图片中抽象出等腰三角形，并结合如何确定三角形是等腰三角形的问题引出下节课的学习内容。

图17 开封特色建筑

观赏开封地方建筑特色美景，不仅渗透数学的应用价值，也潜移默化地引导学生感受到家乡风景、建筑的美好，培养了学生热爱家乡的情感，同时也练习了等腰三角形的有关性质。

（3）统计、概率类。学习成绩一直是学生关注的重点，利用学生每学期期末总体成绩的计算方法，可以有效地吸引学生的目光，使学生纷纷投入到解题中去。

【例17】某学生数学的平时成绩、期中考试成绩、期末考试成绩分别是84分、80分、90分。如果按平时成绩占30%，期中考试成绩占30%，期末考试成绩占40%进行总评，那么他本学期数学总评分应为多少分？

学生对这个问题充满了兴趣，纷纷投入到成绩计算中。最终结果为：

$$84 \times 30\% + 80 \times 30\% + 90 \times 40\% = 88.2（分）$$

充满生活趣味的实际问题不仅可以培养学生分析问题、解决问题和独立思考的能力，而且可以让学生体验学习数学的乐趣和成就感。最后学生掌握了其中的规律和计算方法后，都有一种豁然开朗的感觉。

经过以上的探究和总结，学生不仅对数学知识已基本掌握，而且课内学习与课外实践紧密结合，培养了学生的实际解题能力。通过解决一些数学问题，学生可以明白自己刚刚掌握的数学公式或定理到底如何去使用，这些数学知识可以解决哪些问题。通过解决这些问题，学生的学习热情会更加高涨。

初中生接触数学新知识具有一定的过程和规律，它往往是由感性到理性、由直观到抽象的。在教学中教师可以采用多媒体将实例展现出来，然后学生分小组进行分析，这与传统教学方法很不同。数学在学生的心目中变得形象具体、真实可感，学生慢慢养成了把生活中的事物抽象成数学模型，然后用数学知识去解决的习惯。即使没学过的知识，学生也能通过各种各样的途径寻求解决办法，如询问老师、查找资料、网上搜索等，这对学生以后的学习和工作帮助是巨大的。

五、数学生活化教学对核心素养的培养

　　教育是人类传递知识的重要途径。因此，教育内容必定源于生活现实，才能更好地作用于社会生活，促进人类文明的发展。数学作为一门反映和研究数量、图形、空间等客观规律的学科，既如实反映了现实生活中的基本规律，又促进了人们利用这些规律来获得长期可持续发展。可以毫不夸张地说，生活就是最好的数学课堂，数学教师在教学过程中，应引导学生对生活进行仔细地观察和感悟，逐步培养数学思维，促使学生形成核心素养。

　　1.创设生活情境，培养数学思维

　　学习的目标是为了致用。因此，在学校教育中，教师引导学生对知识和技能进行学习时，应该注重充分和生活实际紧密结合在一起，让学生在生活中学习，用所学到的数学知识解决实际问题，在生活中培养数学思维能力。

学生往往因为受客观年龄限制而在生活经验和阅历方面都还不足。例如，在遇到计算与生活息息相关的面积问题时，就常常不能够思虑周全，出现常识性错误。针对这种情况，教师在进行数学教学时就应创设生活情境，让学生在熟悉的环境中对数学知识进行理解，并培养学生的数学思维，为学生进一步灵活运用知识打下坚实的基础。

例如，在学习《乘法的初步认识》时，教师为了让学生明白乘法的基本原理，可以设置情境游戏：让学生开小火车。假设一共有4节车厢，每节车厢中邀请6位同学坐在里面，然后让其他学生计算一共有多少名学生在乘坐火车。通过汇总发现，学生们采用了不同的方法。方法一：（6+6+6+6）人=24人，大多数学生都用到了加法。方法二：将所有的人数一遍，然后发现是24人。方法三：（6×4）人=24人，极少数学生用到了乘法。最后，教师再进行总结，但这时就要引导学生明白，在数学的世界中，寻找解决问题的方式有很多种，而通往这些终点的捷径就是一种思维。在开火车的这个游戏中，教师以开放式的教学方法，促使不同的学生采用不同的思维方式来解决这个问题，这就在一定程度上让学生的数学思维得到了培养。

2.借生活元素，掌握数学技能

从具体内容来看，数学也是一门技能性很强的学科。例如，在大量的计算中，如果学生没有娴熟地掌握计算技能，那么在面对生活中的计算问题时，就难以顺利地解决。生活中的许多元素都与数学技能息息相关，通过日常教学实践发现，这些元素能够促进小学生在具像之中掌握相应的数学技能，解决实际问题。在教学中，教师应引导学生走进生活，去观察、感悟，并使用生活元素。脱离了生活的数学技能不仅难以掌握，也达不到学以致用的目的。

例如，在学习《长方体和正方体》这一章的内容时，许多学生对于立体图形的空间结构总是弄不清楚，甚至不能够形成完整的空间概念，难以在脑海中对其表面积和体积进行充分的理解。针对这种情况，教师在导学案中就可以设置让学生观察周围长方体和正方体实物的作业，并要求学生将自己所看到的图形绘制出来，这样学生在观察和感悟中对立体图形的空间结构就有了比较全面的认识。

又如，人民币的使用是现实生活的重要组成部分。为此，在小学数学教材的编排中将人民币作为学生学习的内容之一，但是在实际情况中，人民币的认识和使用却成为学生学习的难点。究其原因，主要是小学生没有将人民币知识与现实生活相互结合起来。部分教师也认为在课堂上自己已经讲得很明白了，学生应该懂；部分家长则认为人民币在生活中的使用非常普遍，孩子一看就知道如何用。但他们都忽略了人民币的使用技能，需要在现实生活中进行琢磨和思考，才能够娴熟地运用。

3.用数学知识，解决生活问题

知识是人类进步的阶梯，数学知识作为人类进步中必不可少的学科，在漫长的历史进程中帮助人们解决了一个又一个问题，促使人们不断地去创新和发展。因此，在数学生活化教学的探究过程中，用数学知识来解决生活问题就必须要将所学到的知识运用到现实生活中。工程问题、行程问题、图形面积问题、方程等均属于日常需要解决的实际问题。鉴于此，教师便可以引导学生利用数学知识来解决生活中遇到的这些问题。

例如，有若干只鸡和若干只兔生活在一起，小明通过观察发现一共有62条腿，20个头，请问一共有多少只鸡，多少只兔？

针对这样的问题，如果学生采用方程的数学知识来进行解题就会容易得多。

在数学生活化教学中设置的动手折叠剪切、自主猜想活动既发展了学生的空间观念，也有助于学生发现问题与提出问题经验的积累、性质证明的思路分析与自主推证，培养了学生逻辑推理能力、分析问题与解决问题的能力。

初中数学教学是基础教育，必须重视对学生的数学核心素养的培养。数学又是通用知识，各学科各行业都会用到，毕竟学生毕业后会从事各种各样的行业，这些行业中有的与数学联系比较密切。有的从表面上看，虽然与数学联系不大，但是数学也在其中默默地起着作用。如果教师在教学过程中重视生活化教学，那么当学生在以后的学习和生活中遇到实际问题时，就会主动地探寻并抓住问题中的数学背景，将问题中的数学运算和空间几何抽象出来，运用数学知识进行尝试性解题，直至最终解决实际问题。教师通过生活化教学，会让学生更懂得如何从现实世界的事物和过程中合理地抽象概括并整理出数学模型，进而深刻地理解现在的社会现象。

生活中应用初中数学的例子比比皆是，经过大量例子的总结归纳之后发现：若要成功解决这些问题，学生必须掌握数学核心素养。数学核心素养有数学抽象、直观想象、数学建模、数据分析、逻辑推理与数学运算能力。生活化教学便是要求教师根据各式各样的例子，通过不同的方法引导学生，将例子中的数学概念及概念之间的关系抽象出来，然后用数学符号或数学术语表示问题，用数学知识与方法构建模型解决问题。数学抽象在生活化教学甚至整个数学教学中都起着至关重要的作用。抽象是核心的。生活中的几何类问题培养学生借助几何直观和空间想象感知事物的动态与变化规律，然后证明结论的正确性，最后用得到的方法或规律解决问题。现代社会生活已经进入大数据时代，这意味着收集生活中的统计类问题对学生来说并非难事，怎样去帮助学生掌握分析整理此类数据的方法是教师需要注意的重点，也是未来人们生活的基本素养。

生活离不开数学，数学也离不开生活，数学知识均来源于现实生活，同时又反作用于现实生活。学以致用是教育的最终目的。因此，在小学数学教育教学活动中，教师应该立足于生活实际，为学生设置生活情境，积极营造生活氛围，让学生从生活中学，再将所学知识灵活运用到生活之中，从而形成数学核心素养。

六、生活中的数学问题

手机话费套餐选择中的数学问题

小明的爸爸平均每月的手机话费大约为200元。一天，移动公司的客户王经理来到小明家，想给小明爸爸推荐手机话费的优惠套餐，并给小明爸爸详细地介绍了移动手机话费的几种优惠套餐，供他选择一种适合自己的套餐。小明爸爸就将这个任务交给了小明，由他来选择办理哪一种套餐。

王经理根据小明爸爸以前的每月手机大致费用，给他提供了以下两种优惠套餐，供其选择。

第一种套餐是一次性缴纳1 200元话费，移动公司立刻送小明爸爸1 200元的超市购物券，然后每月打到他手机账户中100元话费，共分12次打入。

第二种套餐是一次性缴纳1 200元话费，移动公司再赠送小明爸爸800元话费，共计2 000元话费，然后每个月返还到他手机账户中100元话费，共分20个月返还。而且，他这每月100元的手机话费，还可以最高打到250元的手机话费。

那么，究竟哪一种优惠套餐更适合小明爸爸、更划算呢？小明爸爸让小明好好算算，综合考虑，将这个问题想清楚了，再做选择。

于是，小明拿起草稿本，专心致志地算了起来。经过小明周密的计算，小明认为第二种套餐比较划算，理由如下。

在第一种套餐中，爸爸一次性缴纳了1 200元话费，移动公司立刻送爸爸1 200元购物券，这等于是爸爸用1 200元钱买了1 200元的移动公司送的超市购物券，同时又得到了1 200元的话费。也就是说，抵销爸爸付出1 200元钱得到1 200元超市购物券，移动公司根据爸爸目前的话费消费水平，每月另外无偿送给爸爸100元的话费。那么，按照爸爸每月要用200多元的话费计算，等于每月爸爸要再贴进去100元钱的话费，一年下来要贴进去1 200元钱。

而在第二种套餐中，爸爸一次性缴纳了1 200元，移动公司再赠送800元话费，合计是2 000元话费，分20个月按照每月

100元返还到爸爸手机账户中，而且这每月100元话费还能最高打到250元的话费。那么，这就等于爸爸同样一次性缴纳了1 200元钱可以得到20个月每月100元话费的返还，而且这每月100元的返还话费还可以打到250元的话费最高限额。因此，爸爸每月打200元左右的平时手机话费开支完全可以保证而不用另外付钱。这样，爸爸不用再贴钱，只需缴纳1 200元钱就可以打20个月的电话。

比较第一种、第二种手机优惠套餐可知，第一种手机优惠套餐是爸爸打12个月电话要贴进去1 200元钱，第二种手机优惠套餐是爸爸打20个月电话要贴进去1 200元钱，显然第二种套餐更适合爸爸，也更加划算，爸爸表扬小明考虑问题周到细致。

那么移动公司还有哪些手机优惠套餐呢？经过调查，小明发现了6月又推出了以下几种手机优惠套餐，于是便将它们列了一个表格（表4）。

表4　几种手机优惠套餐

套餐种类	套餐内容	评价
套餐一	每次缴纳60元，移动公司立刻返一桶食用油	以实物回馈消费者，但是只适用于少额话费消费者
套餐二	缴纳160元，移动公司立刻返306元手机话费，每月到账17元，分18个月打入，每月须最低消费38元	用话费回馈消费者，比套餐一合算，但是回馈时间长，每个月回馈值小，只适合少额话费消费者
套餐三	缴纳230元，移动公司立刻返504元话费，每月到账28元，分18个月到账，每月须最低消费58元	回馈比套餐二多，但是每月话费消费也多一些
套餐四	缴纳380元，移动公司立刻返1 152元话费，每月到账64元，分18个月到账，每月须最低消费128元	回馈比套餐三多，但是每月话费消费也多一些
套餐五	缴纳900元，移动公司立刻返3 528元话费，每月到账98元，分36个月到账，每月须最低消费188元	回馈比套餐四多，但是每月话费消费更多一些

面对这么多的套餐，应如何分析选择呢？其实，无论移动

公司如何精细设计套餐，离不开这样的原则，那就是用户消费越多，移动公司返现越多，移动公司在鼓励用户消费的同时也为自己创造了更多的利润。那么消费者如何选择呢？消费者应该根据自己的实际需要和精简节约的原则来选择套餐。如此，就是正确的选择。

通过这件事情，我们懂得了生活中处处有数学，学好数学、用好数学可以使生活更方便、更美好！

反比例函数在实际生活中的运用

反比例函数与其他函数一样，在人们的日常生活中有着广泛的应用。那么如何才能正确利用反比例函数的关系来解决实际问题呢？具体地说，应从以下两个方面入手。

1.正确地探求两个变量之间的关系

与利用其他函数解决实际问题一样，要利用反比例函数的关系解决实际问题，只要求能够正确地探求两个变量之间的关系。探索反比例函数中两个变量之间的关系同样与列方程解应用题一样，即弄清题意和题目中的数量关系，找到能够表示应用题全部含义的一个相等的关系，根据这个相等的数量关系式列出所需的代数式，从而列出两个变量之间的关系式。常见的表示数量之间的关系有以下几种情形。

（1）和、差、倍、分问题。即两数和=较大的数+较小的数，较大的数=较小的数×倍数±增（或减）数。

（2）行程类问题。即路程=速度×时间。

（3）工程类问题。即工作量=工作效率×工作时间。

（4）浓度类问题。即溶质质量=溶液质量×浓度。

（5）分配类问题。即调配前后总量不变，调配后双方有新的倍比关系。

（6）等积类问题。即变形前后的质量（或体积）不变。

（7）数字类问题。即若个位上数字为a，十位上的数字为b，百位上的数字为c，则这三位数可表示为$100c+10b+a$。

（8）经济类问题。即利息=本金×利率×期数；本息和=本金+利息=本金+本金×利率×期数；税后利息=本金×利率×期数×（1-利息税率）；商品的利润=商品的售价-商品的进价；商品的利润率=$\dfrac{商品的利润}{商品进价}\times100\%$。

（9）增长（或降低）率问题。即实际生产数=计划数×〔1+增长率（或-减少率）〕，增长率=$\dfrac{增长数}{计划数}$×100%。

（10）图形类问题。即根据图形的特征，结合规范图形的周长公式、面积公式、体积公式等。

2.注意典型习题的训练和巩固

为帮助同学正确地利用反比例函数来解决实际问题，现归类说明如下。

（1）在行程类问题中的应用。

【例18】小华的爸爸早晨骑自行车带小华到15千米远的镇上去赶集，回来时让小华乘公共汽车，用的时间少了。假设两人经过的路程一样，而且自行车和汽车的速度在行驶过程中都不变，爸爸要小华找出从家里到镇上的时间和乘坐不同交通工具的速度之间的关系。

简析：设小华乘坐交通工具的速度是v千米/小时，从家里到镇上的时间是t小时。因为在匀速运动中，时间=路程÷速度，所以$t=\dfrac{15}{v}$。从这个关系式中可以发现：路程一定时，时间t就是速度v的反比例函数。即速度增大了，时间变小；速度减小了，时间增大。自变量v的取值是$v>0$。

（2）在平面图形中的应用。

【例19】在平行四边形$ABCD$中，AB=4 cm，BC=1 cm，E是CD边上一动点，AE、BC的延长线交于点F，设DE=x，BF=y。求y与x之间的函数关系式，并写出自变量x的取值范围。

简析：四边形$ABCD$是平行四边形，所以AD∥CF，即$\dfrac{AD}{CF}=\dfrac{DE}{CG}$，所以$\dfrac{1}{y-1}=\dfrac{x}{4-x}$，则$y=\dfrac{4}{x}$，此时自变量$x$的取值范围是$0< x<4$。

（3）在立体图形中的应用。

【例20】一个长方体的体积是100 cm³，它的长是y cm，宽是5 cm，高是x cm。

①写出用高表示长的函数关系式；

②写出自变量x的取值范围；

简析：①因为100=5xy，所以$y=\dfrac{20}{x}$。②因为长方体的棱长是正值，所以$x>0$。

（4）在物理学上的应用。

【例21】一定质量的氧气，它的密度ρ（kg/m³）是它的体积V（m³）的反比例函数，当V=10 m³时，ρ =1.43 kg/m³。

①求ρ 与V的函数关系式；

②当V=2 m³时，求氧气的密度ρ。

简析：①设$\rho = \dfrac{k}{v}$，当V=10 m³时，ρ=1.43 kg/m³，所以$1.43 = \dfrac{k}{10}$，即k=14.3，所以ρ与V的函数关系式是$\rho = \dfrac{14.3}{V}$；

②当V=2 m³时，$\rho = \dfrac{14.3}{2} = 7.15$ kg/m³，所以当V=2 m³时，氧气的密度为7.15 kg/m³。

（5）日常生活中的问题。

【例22】你吃过拉面吗？实际上在做拉面的过程中就渗透着数学知识：一定体积的面团做成拉面，面条的总长度y（m）是面条的粗细（横截面积）s（mm²）的反比例函数，其图像如图18所示。

①写出y与s的函数关系式；

②求当面条粗1.6 mm²时，面条的总长度是多少米。

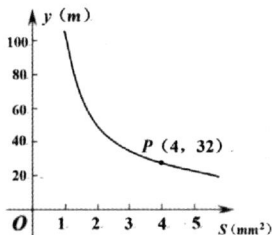

图18 反比例函数图像

简析：①依题意，结合图像，不妨设反比例函数的解析式为$y = \dfrac{k}{s}$（k≠0，s≥0），由于图像经过点P（4，32），则有

$32=\dfrac{k}{4}$，所以$k=128$，即y与s的函数关系式为$y=\dfrac{128}{s}$（$s \geqslant 0$）。

②当面条粗$s=1.6\ \text{mm}^2$时，面条的总长度是：

$$y=\dfrac{128}{1.6}=80\ （\text{mm}）=0.8\ （\text{m}）$$

关于无理数的小故事

在古希腊，有一个很了不起的数学家叫毕达哥拉斯，他开了一所学校，教了很多学生，他的学校的名字叫毕达哥拉斯学园，其学派叫毕达哥拉斯学派。毕达哥拉斯和他的学生们在学校里研究数学，毕达哥拉斯定理就是这么研究出来的。这个定理在我国称为勾股定理。关于这个定理以后还会讲到。

毕达哥拉斯认为，世界上只存在整数和分数，除此之外，就再也没有什么别的数了。可是，他有一个学生叫希伯斯，就发现了这样的一种数。例如，一个边长是1的正方形，从一个角到对着它的一个角之间的线段长度是多少呢？

希伯斯后来死了，但是他发现的新数却还存在着。人们从它的发现中知道了除整数和分数，还存在着一种新数，正方形的对角线和边长的比就是这种新数。给这种新数起个什么名字呢？当时人们觉得，整数和分数是人们已经习惯的，容易理解，就把他们合称为有理数，而把希伯斯发现的新数起名为无理数。

数学中的概念有时真的是傻傻分不清楚，如自然数、实数、整数、有理数、无理数，即便它们都称为某某数，仍旧非常傲娇地有着自己的"身份"和"地位"。在数学中，无理数可以理解为无限不循环小数，那无理数中最著名的e、π、φ又有着怎样的故事呢？

1.与钱有关的e

e是自然对数的底数，是一个无限不循环小数，其值是2.718 28……。

在今天的银行业里，e是对银行家最有帮助的一个数。人们可能会问，像e这样的数是怎样又以何种方式与银行业发生关系呢？要知道银行是专门与"元"和"分"打交道的，假如没有e的发现，银行家要计算今天的利息就要花费大量的时间，无论是逐日逐日地算复利，还是持续地算复利都无法避免，所幸的是 e 的出现助了一臂之力。

2.值得骄傲的 π

魏晋南北朝时期产生了两位在中国古代数学史上最为著名的数学家——祖冲之和刘徽。祖冲之最杰出贡献是求得相当精确的圆周率。经过长期的艰苦研究，他计算出圆周率在3.141 592 6和3.141 592 7之间，成为世界上最早把圆周率数值推算到七位数字以上的科学家。直到15世纪，阿拉伯数学家卡西才得到更好的结果。祖冲之还给出了圆周率的密率355/113（≈3.141 592 9），而这个结果直到16世纪才被德国人奥托和荷兰人安托尼斯重新发现，所以中国圆周率计算领先世界一千年。

3.最美的无理数 φ

如果把一条线段分成两个部分，使整条线段与较长部分之比等于较长部分与较短部分之比，则分点 C 被说成以"黄金比率"划分了 AB 。这个比率的数值约等于0.618，用希腊字母 φ（phi）表示。那么，φ 又有怎样的故事呢？英国伦敦知名整形外科医生朱利安·德席尔瓦博士基于面部映射技术，曾测量了一些知名男星的面部轮廓和眼睛、眉毛、下巴、鼻子、嘴唇等的大小及相互之间的距离，综合比对这些数字与希腊美学黄金分割比例的差距，列出了"世界最英俊面孔"榜单。名列第一的是好莱坞某明星，他的面部与希腊美学黄金分割比例的精确度高达91.86%。排名第2~5名的依次是美国某影视演员和某影星、英国某男歌手兼演员和某球星。

看来，这三个有故事的无理数不仅在数学中常见，在生活中也能起到很大的作用。尤其是无理数φ，在建筑、摄影、雕塑等艺术领域都得到了很好地运用。可见，只要仔细研究，数学也有迷人的作用和魅力。

生活中的黄金分割问题

常常听说有黄金分割这个词，黄金分割当然不是指的怎样分割黄金，这是一个比喻的说法，就是说分割的比例像黄金一样珍贵。那么这个比例是多少呢？是0.618。人们把这个比例的分割点称为黄金分割点，把0.618称为黄金数。并且人们认为如果符合这一比例，就会显得更美、更好看、更协调。在生活中，对黄金分割有着很多的应用。

最完美的人体：肚脐到脚底的距离÷头顶到脚底的距离＝0.618。

最漂亮的脸庞：眉毛到脖子的距离÷头顶到脖子的距离＝0.618。

由于公元前6世纪，古希腊的毕达哥拉斯学派研究过正五边形和正十边形的作图，因此现代数学家们推断当时毕达哥拉斯学派已经触及甚至掌握了黄金分割。公元前4世纪，古希腊数学家欧多克索斯第一个系统研究了这一问题，并建立起比例理论。公元前300年前后欧几里得撰写《几何原本》时吸收了欧多克索斯的研究成果，进一步系统论述了黄金分割，成为最早的有关黄金分割的论著。中世纪后，黄金分割被披上神秘的外衣，意大利数家帕乔利称中末比为神圣比例，并专门为此著书立说。德国天文学家开普勒称黄金分割为神圣分割。到19世纪，黄金分割这一名称才逐渐通行。黄金分割数有许多有趣的性质，人类对它的实际应用也很广泛。最著名的例子是优选学中的黄金分割法或0.618法，是由美国数学家基弗于1953年首先提出的，并于20世纪70年代在中国推广。通过简单的计算就可以发现：这个数值的作用不仅仅体现在诸如绘画、雕塑、音乐、建筑等艺术领域，而且在管理、工程设计等方面也有着不可忽视的作用。

首先从一个数列开始，它的前面几个数1、1、2、3、5、8、13、21、34、55、89、144、…。这个数列的名字称为菲波那契数列，这些数称为菲波那契数。其特点是除前两个数（数值为1）外，每个数都是它前面两个数之和。

菲波那契数列与黄金分割有什么关系呢？经研究发现，相邻两个菲波那契数的比值是随序号的增加而逐渐趋于黄金分割比的。即 $\frac{f(n)}{f(n-1)} \rightarrow 0.618\cdots\cdots$。由于菲波那契数都是整数，两个整数相除之商是有理数，因此只是逐渐逼近黄金分割比这个无理数。但是当继续计算出后面更大的菲波那契数时，就会发现相邻两数之比确实是非常接近黄金分割比的。

黄金分割在文艺复兴前后经过阿拉伯人传入欧洲，受到了欧洲人的欢迎，他们称之为"金法"，17世纪欧洲的一位数学家甚至称它为"各种算法中最宝贵的算法"。这种算法在印度称为"三率法"或"三数法则"，也就是现在常说的比例方法。

其实有关黄金分割，我国也有记载。虽然没有古希腊的早，但它是我国古代数学家独立创造的，后来传入了印度。经考证，欧洲的比例算法是源于我国而经过印度由阿拉伯传入欧洲的，而不是直接从古希腊传入的。

黄金分割是一种数学上的比例关系。黄金分割具有严格的比例性、艺术性、和谐性，蕴藏着丰富的美学价值。其在应用时一般取0.618，就像圆周率在应用时取3.14一样。因为它在造型艺术中具有美学价值，所以在工艺美术和日用品的长宽设计中采用这一比值能够引起人们的美感，在实际生活中的应用也非常广泛：建筑物中某些线段的比就科学采用了黄金分割；舞台上的报幕员并不是站在舞台的正中央，而是偏在台上一侧，以站在舞台长度的黄金分割点的位置最美观，声音传播得最好；就连植物界也有采用黄金分割的地方，如果从一棵嫩枝的顶端向下看，就会看到叶子是按照黄金分割的规律排列着的；在很多科学实验中，选取方案常用一种0.618法，即优选法，它可以合理地安排较少的试验次数，找到合理的配方和合适的工艺条件。正因为它在建筑、文艺、工农业生产和科学实验中有着广泛而重要的应用，所以人们才珍贵地称之为黄金分割。

不仅如此，黄金分割也是一个饮食参数。日本人的平均寿命多年来稳居世界首位，合理的膳食是其主要因素之一。在他们的膳食中，谷物、素菜、优质蛋白、碱性食物所占的比例基本上达到了黄金分割的比值。人体的消化道长9米，它的61.8%约为5.5米，是承担消化吸收任务的小肠的长度。人类是杂食动物，最适合消化以素食为主的混合膳食。

（1）谷物为主。当膳食中碳水化合物（主要是谷物中的淀粉）的供热量占总热量的61.8%时，才能满足人体对热能的需求。因此，专家建议人们应吃以谷物为主的膳食。

（2）喝5杯水。人体内的水分占体重的61.8%，不计出汗，每天失去和需要补充的水达2 500毫升。其中，半固体食物供给的水和人体内部合成的水约1 500毫升，大约占61.8%。其余1 000毫升需要补充，才能保持水平衡。因此，每人一天要喝5杯水。

（3）吃优质蛋白。蛋白质是人体含量最多的有机物质，由20种氨基酸组成，20的61.8%即约12种氨基酸为人体自行合成，另外8种氨基酸必须由食物供给。由于谷物中的蛋白质质量较差，因此为保证蛋白质的摄入，膳食中优质蛋白质的供给量应达到61.8%。优质蛋白主要存在于动物性食物和豆类食物中。

（4）动植物油兼吃。植物油和动物脂肪各有其生理功效，植物油与动物脂肪的摄入比例也应符合黄金分割比值，酸碱平衡。米、面、肉、蛋、油、糖、酒属于酸性食物，进食过多会使血液偏酸，导致酸性体质，使免疫能力下降，容易患病。据统计，有61.8%的疾病缘于酸性体质。因此，应该多吃些碱性食物，使血液保持正常的微碱性。碱性食物主要有海带、食用菌、蔬菜和水果，进食量应占膳食总量的61.8%。

在人体结构上，0.618更是无处不在。肚脐至脚底与头顶至脐之比、躯干长度与臀宽之比、下肢长度与上肢长度之比，均近似于0.618。而且，越接近于这个值，整个形体就越匀称，越令人觉得完美。人在环境气温22~24℃下生活感到最适宜，因为人体的正常体温是36~37℃，这个体温与0.618的乘积恰好是22.248~22.866℃，而且在这一环境温度中，人体的生理功能、生活节奏等新陈代谢水平均处于最佳状态。又如，营养学中强调，一餐主食中要有六成粗粮和四成细粮的搭配进食，有益于肠胃的消化与吸收，避免肠胃病，这也可纳入饮食的0.618规律之列。抗衰老有生理与心理抗衰之分，哪个为重？研究证明，生理上的抗衰为四，而心理上的抗衰为六，也符合黄金分割律。充分调动与合理协调心理和生理两方面的力量来延缓衰老，可以达到最好的延年益寿的效果。一天合理的生活作息也符合0.618的分割。24小时中，2/3时间是工作与生活，1/3时间是休息与睡眠。在动与静的关系上，究竟是生命在于运动，还是生命在于静养？辩证观和大量的生活实践证明，动与静的关系同一天休息与工作的比例一样，动四分，静六分，才是最佳的保健之道。动静：从辩证观点看，动和静是一个0.618比例关系，大致四分动六分静才是较佳养生之法。饮食：医学专家分析后还发现，饭吃六七成饱的人几乎不生胃病；摄入的饮食以六分粗粮、四分精食为适宜。从黄金分割律看，结婚的最佳季节是一年12个月的0.618处，约在7月底至8月底。医学研究已表明，秋季是人的免疫力最佳的黄金季节，因为7月至8月时人体血液中淋巴细胞最多，能生成大量的抵抗各种微生物的淋巴因子，此时人的免疫力强。

不少小户型以其"低总价、低首付、低月供"，把众多刚刚踏入社会的年轻人吸引为有房一族。虽然市场上对小户型的需求很热烈，但同样也具有投资风险。如何进行小户型投资？市场时兴一套有趣的"黄金分割论"，时间分割因为工作时间与居家时间之比正好构成一个黄金分割，即0.618比0.382，所以专家认为，最有价值的地段可能是工作与社区之间的黄金分割点。尺度分割小户型因其小，所以面积更要精打细算。在小户型越来越热的过程中，市场有一个趋势，即户型越小越好。但绝对的小既不符合居住者的正常生活需求，也绝对不会是潮流。新消费或投资趋势表明，小户型在面积大小上也存在黄金分割率。在30~80平方米，有一个黄金分割数，正好是50余平方米。因此，市场上50余平方米的小户型热卖度超过了其他规格。空间主要是卧室与起居，30平方米根本无法细分任何功能区，难以满足高品质居家生活，而50多平方米是功能上黄金分割区的最小面积，即可分出30平方米的主体空间和20平方米的配套空间，解决独立厨卫、阳台、储藏等各个功能。因此，根据"黄金分割论"选择的小户型应该是既节省户型面积，减少投资总额，同时又能满足空间上的审美和功能需求，保证居住者的生活品质与居家情趣。

黄金分割比在未发现之前，是在客观世界中就存在的，只是当人们揭示了这一奥秘之后，才对它有了明确的认识。当人们根据这个法则再来观察自然界时，就惊奇地发现，原来在自然界的许多优美的事物中能看到它，如叶片、花朵、雪花、五角星……许多动物、昆虫的身体结构中，特别是人体中更是有着丰富的黄金比的关系。当人们认识了这一自然法则之后，黄金分割比就被广泛地应用于人类的生活之中。此后，在生活环境中就随处可见了，如门窗、橱柜、书桌，常接触的书本、报纸、杂志，现代的电影银幕、电视屏幕，以及许多家用器物都是近似这个数比关系构成的。它特别表现在艺术中，在美术史上曾经把它作为经典法则来应用。

黄金分割对摄影画面构图可以说有着自然的联系。例如，照相机的片窗比例：135相机就是24×36，即2：3的比例，这是很典型的；120相机4.5×6近似3：4，6×6虽然是方框，但在后期制作用，仍多数裁剪为长方形近似黄金分割的比例。只要翻开影集看一看就会发现，大多数的画幅形式都是近似这个比例。这可能是受传统的影响，也养成了人们的审美习惯。另外，也确实因为它具有悦目的性质，所以有时人们在时间中并未注意到这个比例而特意去运用它，但往往就在不自觉中进入了这个法则之中。这也说明了黄金分割的本身就存在美的性质。在摄影实践中，运用黄金分割法则，主要表现在黄金分割、线、面的运用中。黄金分割点在全景构图中多是主要表现对象或是视觉中心所处的位置，在中、近景构图中多是景物主要部位所处的位置。在人像构图中常常是将人的眼睛处理在近于黄金分割点的位置。黄金分割线多用作地平线、水平线、天际线所处的位置。

《梦幻曲》是一首再现三段曲式，由A、B和A'三段构成，每段又由等长的两个4小节乐句构成。全曲共分6句，24小节。理论计算黄金分割点应在第14小节（240×0.618=14.832），与全曲高潮正好吻合，有些乐曲从整体至每一个局部都合乎黄金比例。该曲的六个乐句在各自的第2小节进行负相分割（前短后长）；该曲的三个部分A、B、A'在各自的第二乐句第2小节正相分割（前长后短），这样形成了乐曲从整体到每一个局部多层复合分割的生动局面，使乐曲的内容与形式更加完美。大、中型曲式中的奏鸣曲式、复三段曲式是一种三部性结构，其他如变奏曲、回旋曲及某些自由曲式都存在不同程度的三部性因素。黄金比例的原则在这些大、中型乐曲中也得到不同程度的体现。一般来说，曲式规模越大，黄金分割点的位置在中部或发展部越往后，甚至推迟到再现部的开端，这样可获得更强烈的艺术效果。莫扎特《D大调奏鸣曲》第一乐章全长160小节，再现部位于第99小节，不偏不倚恰恰落在黄金分割点上。据美国数学家乔巴兹统计，莫扎特的所有钢琴奏鸣曲中有94%符合黄金分割比例，这个结果令人惊叹。人们未必就能弄清，莫扎特是有意识地使自己的乐曲符合黄金分割，抑或只是一种纯直觉的巧合现象。然而美国的另一位音乐家认为："应当知道，创作这些不朽作品的莫扎特，也是一位喜欢数字游戏的天才。莫扎特是懂得黄金分割，并有意识地运用它的。"贝多芬《悲怆奏鸣曲》Op.13第二乐章是如歌的慢板，回旋曲式，全曲共73小节，理论计算黄金分割点应在45小节，其在43小节处形成全曲激越的高潮，并伴随着调式、调性的转换，高潮与黄金分割区基本吻合。肖邦的《降D大调夜曲》是三部性曲式，全曲不计前奏共76小节，理论计算黄金分割点应在46小节，再现部恰恰位于46小节，是全曲力度最强的高潮所在，真是巧夺天工。再举一首大型交响音乐的范例，俄国伟大作曲家里姆斯基-柯萨科夫在他的《天方夜谭》交响组曲的第四乐章中，写至辛巴达的航船在汹涌滔天的狂涛恶浪里无可挽回地猛撞在有青铜骑士像的峭壁上的一刹那，在整个乐队震耳欲聋的音浪中，乐队敲出一记强有力的锣声，锣声延长了六小节，随着它的音响逐渐消失，整个乐队力度迅速下降，象征着那艘支离破碎的航船沉入海底深渊。在全曲最高潮也就是"黄金点"上，大锣致命的一击所造成的悲剧性效果摄人心魂。

黄金分割历来被染上瑰丽诡秘的色彩，被人们称为"天然合理"的最美妙的形式比例。世界上到处都存在数的美，对于人们的眼睛，尤其是对学习音乐的人的耳朵来说，美是到处都有的，不是缺乏美，而是缺少发现。

一次无意中和同学在操场上打球，顺手测量了牛顿雕像的鼻子，其鼻孔间的距离和鼻孔到鼻梁的距离比刚好接近0.618。随后又测量了几个人的鼻子，结果符合黄金分割点。接下来的生活中对0.618变得很敏感，经过同学的推想与实践，发现了多米诺骨牌的长宽之比、蝴蝶的身体部位之比、漂亮花瓣的长宽之比也都符合这一规律。查询了很多的相关资料，发现埃及金字塔便是这一规律的最好应用。

想象一下如何让一根很普通的细橡皮筋发出"哆咪咪"的声音？把它拉紧，固定住，拨动一下，就是"1"，然后量出其长，做一道初三几何题——把这条"线段"进行黄金分割，可以测出"分割"得到的两条线段中较长的一段约是原线段长度的0.618。捏住这个点，拨动较长的那段"弦"，就发出"2"；再把这段较长线进行黄金分割，就找到了"3"。依此类推，"4、5、6、7"同样可以找到。

相信许多人都从电视中见过碧水轻流的安大略湖畔的加拿大名城多伦多，这座高楼大厦鳞次栉比的现代化城市，最醒目的建筑就是高耸的多伦多电视塔，它气势磅礴，直冲云霄。有趣的是嵌在塔中上部的扁圆的空中楼阁恰好位于塔身全长的0.618处，即在塔高的黄金分割点上。它使瘦削的电视塔显得和谐、典雅、别具一格。多伦多电视塔被称为"高塔之王"，这个奇妙的0.618起到了决定性作用。与此类似，举世闻名的法兰西国土上的"高塔之祖"——埃菲尔铁塔，它的第二层平台正好坐落在塔高的黄金分割点上，给铁塔增添了无穷的魅力。

我国一位二胡演奏家在其演奏生涯中发现，如果把二胡的"千斤"放在琴弦某处，音色会无与伦比的美妙。经过数学家验证，这一点恰恰是琴弦的黄金分割点0.618。黄金比值在创造着奇迹。偶然吗？不，在人们身边，到处都有0.618的"杰作"：人们总是把桌面、门窗等做成长方形，宽与长比值为0.618。在数学上，0.618更是大显神通。0.618，美的比值、美的色彩、美的旋律，广泛地体现在人们的日常生活中，与人们关系甚密；0.618，奇妙的数字，它创造了无数的美，统一着人们的审美观。

爱开玩笑的0.618又制造了大量的"巧合"。在整个世界中，无处不闪耀着0.618那黄金一样熠熠的光辉，人们时时刻刻在有意无意创造着一个个黄金分割。只要稍微留心一下，便可发现它离我们的生活有多近。数学离人们很近，人们无时不刻地在应用着它。

要首先感受并体会到数学学习中的美。数学美不同于其他的美，这种美是独特的、内在的。这种美正如英国著名哲学家、数理逻辑学家罗素所说："数学，如果正确地看它，不仅拥有真理，而且也具有至高无上的美，正如雕刻的美，是一种冷而严肃的美。这种美不是投合人们天性的微弱的方面，这种美没有绘画或音乐那样华丽的服饰，它可以纯净到崇高的地步，能够达到严格的只有伟大的艺术能显示的那种完满的境界。"在生活中，只要善于观察、善于思考，将所学的知识与生活结合起来，将会感到数学的乐趣。生活中处处都应用着数学的知识。

函数在现实生活中的应用

1.一次函数在生活中的运用

一元一次函数在日常生活中应用十分广泛。当人们在社会生活中从事买卖特别是消费活动时，若其中涉及变量的线性依存关系，则可利用一元一次函数解决问题。

例如，当人们购物、租用车辆、入住旅馆时，经营者为达到宣传、促销或其他目的，往往会提供两种或多种付款方案或优惠办法。这时应三思而后行，深入发掘自己头脑中的数学知识，做出明智的选择，切不可盲从，以免上了商家设下的小圈套，吃了眼前亏。

去超市时经常会遇到"选择性优惠"，很多人在面对不同的优惠方式时往往会中了商家的圈套，选择了不合适的优惠方式。但是，运用一次函数的知识可以很好地解决这个问题。

下面就为大家讲述一件事。

有一次，一位顾客在超市购物，在交款台处有一块醒目的牌子，上面说购买茶壶、茶杯可以优惠，有两种优惠方法：（1）买一送一（即买一只茶壶送一只茶杯）；（2）打九折（即按购买总价的90%付款），其下还有前提条件是：购买茶壶3只以上（茶壶20元/个，茶杯5元/个）。由此，不禁想到：这两种优惠办法有区别吗？到底哪种更便宜呢？这时便很自然地联想到了函数关系式，决心应用所学的函数知识，运用解析法将此问题解决。

设某顾客买茶杯x只，茶壶4只，付款y元（$x>3$，且x是整数），则用第一种方法付款：

$$y_1=4\times20+（x-4）\times5=5x+60$$

用第二种方法付款：

$$y_2=（20\times4+5x）\times90\%=4.5x+72$$

接着比较y_1和y_2的相对大小。

设$d=y_1-y_2=5x+60-（4.5x+72）=0.5x-12$。

然后便要进行讨论：

当$d>0$时，$0.5x-12>0$，即$x>24$；

当$d=0$时，$x=24$；

当$d<0$时，$x<24$。

综上所述，当所购茶杯多于24只时，方法（2）省钱；恰好购买24只时，两种方法价格相等；购买只数在4~23时，方法（1）便宜。

可见，利用一元一次函数来指导购物，既锻炼了数学头脑，发散了思维，又节省了钱财，杜绝了浪费，真是一举两得啊！

2.二次函数在生活中的运用

由于二次函数拥有一个极点，因此通过这个点可以求出这个函数的最大值或最小值来解决一些问题。

例如，建粮仓的问题：一个农场打算建一个粮仓，但是由于原料有限，因此必须利用有限的资源来达到最大的效益。下面是一些数据。

已经有了一堵墙，材料总长为120米，粮仓必须是正方形或者长方形，问如何建面积最大？

做了一个草图，如图19所示。

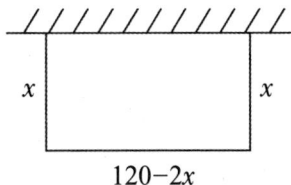

图19 粮仓草图

由于是长方形，因此设宽为x，则长为120－2x，面积为（120－2x）x，展开为－2x²+120x。根据其性质，可以得出当x=30时，函数有最大值，等于1 800。

又如，某商场销售一批名牌衬衫，平均每天可售出20件，每件盈利40元。为扩大销售，商场决定采取适当的降价措施。经调查发现，如果每件衬衫每降价1元，商场平均每天可多售出2件，则每件衬衫降价多少元时，商场平均每天盈利最多？

分析：如果每件衬衫降价x元，那么商场平均每天可多售出2x件，则平均每天可售出（20+2x）件，每件盈利（40－x）元。

解：设每件衬衫降价x元，那么商场平均每天可多售出2x件。根据题意，得出商场平均每天盈利：

$$y=（20+2x）（40－x）$$

$$=-2x^2+60x+800$$

根据函数的性质，可以得出当x=15时，函数有最大值1 250。

根据上面这两个例子可以发现，二次函数在生活中也起着重要的作用。

3.分段函数在生活中的运用

前文写到一次与二次函数在生活中的运用，其实分段函数在生活中也有很多应用之处，下面是一个例子。

近年来，由于用电紧张，用电成本增加，因此为使居民节约用电，某省从2004年8月1日开始执行新的居民生活用电价格，一户一表居民用户实施阶梯式累进电价：月用电量低于50千瓦·时（含50千瓦·时）部分不调整；月用电量在50千瓦·时~200千瓦·时部分，电价每千瓦·时上调0.03元；月用电量超过200千瓦·时部分，电价每千瓦·时上调0.10元。执行峰谷电价的居民用户以总电量与阶梯基数比对进行计算，居民合表用户和学校等集体用户的电价每千瓦·时上调0.02元，双月抄表的一户一表居民用户的阶梯基数电量按标准月度基数电量乘二执行。对于调价当月抄表计算的双月抄表居民用户，本次抄见电量的一半按原电价计算，另一半按照调整后新电价计算，阶梯基数电量执行标准月度基数电量。

另外，未安装峰谷电的用户价格为每千瓦·时0.53元。安装峰谷电的用户计价方法为：从早上8时至晚上10时为峰电，价格为每千瓦·时0.56元；从晚上10时至次日早上8时为谷电，价格为每度0.28元。

下面根据几个例子来体现以下分段函数的好处。

（1）若甲用户未安装峰谷电，单月抄表，某月抄见总电量为150千瓦·时，按规定他应缴纳多少电费？

$$150 \times 0.53 + （150-50） \times 0.03 = 82.5元$$

（2）若乙用户已安装峰谷电，单月抄表，某月抄见总电量为285千瓦·时，其中峰电150千瓦·时，谷电135千瓦·时，按规定他应缴纳多少电费？

$$150 \times 0.56 + 135 \times 0.28 + （200-50） \times$$

$$0.03 + （285-200） \times 0.10 = 134.8元$$

根据这些简单的计算并不能算出如何合理地用电才能最节约，于是用分段函数将甲、乙的用电和应该交的电费的函数关系列出如下。

（1）对于甲用户，设他某月抄见电量为x千瓦·时，应缴纳电费为y元，则有：

$$y = \begin{cases} 0.53x, & x \in [0,50] \\ 0.53x + （x-50） \times 0.03, & x \in （50,200] \\ 0.53x + （200-50） \times 0.03 + （x-200） \times 0.10, & x \in （200,+\infty） \end{cases}$$

（2）对于乙用户，设他某月抄见电量为x千瓦·时，其中谷电量为y（$0 \leq y \leq x$）千瓦·时，应缴纳电缆为z元，则有：

$$z = \begin{cases} 0.56(x-y)+0.28y, & x \in [0,50] \\ 0.56(x-y)+0.28y+(x-50) \times 0.03, & x \in (50,200] \\ 0.56(x-y)+0.28y+(200-50) \times 0.03+(x-200) \times 0.10, \\ \qquad\qquad\qquad\qquad\qquad\qquad\qquad x \in (200,+\infty) \end{cases}$$

假设两用户抄见电量相同，均为x千瓦·时。由（1）和（2）知，两用户在缴纳费用新标准下，上涨的费用是相同的。因此，要比较两用户的费用，只需比较$0.53x$与$0.56(x-y)+0.28y$的大小，则应讨论谷电量y在总电量x中所占百分比的多少。

当$0.53x<0.56(x-y)+0.28y$时，解得$\dfrac{y}{x} < \dfrac{3}{28}$，即谷电量占总电量百分比小于11%时，甲用户比较划算；

当$0.53x=0.56(x-y)+0.28y$时，即谷电量占总电量百分比约等于11%时，两用户缴纳费用相等；

当$0.53x>0.56(x-y)+0.28y$时，即谷电量占总电量百分比大于11%时，乙用户比较划算。

通过上面这个列子，可以体会到分段函数在现实生活中的重要用途。

4.三角函数在生活中的应用

三角函数身为新接触的一个新函数，其实在现实生活中也是有实际应用的。

如图20所示，$ABCD$ 是一块边长为100米的正方形地皮，其中 $ATPS$ 是一座半径为90米的扇形小山，P 是弧 TS 上一点，其余部分都是平地。一开发商想在平地上建一个边落在 BC 与 CD 上的长方形停车场 $PQCR$，求长方形停车场 $PQCR$ 面积的最大值和最小值。

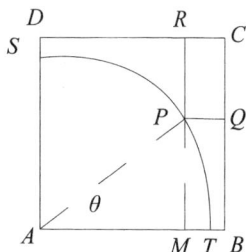

图20 边长100米的正方形地皮

解：设 $\angle PAB = \theta$（$0° < \theta < 90°$），

延长 RP 交 AB 于 M，则 $AM = 90\cos\theta$，$MP = 90\sin\theta$。

故矩形 $PQCR$ 的面积为：

$$s = (100 - 90\cos\theta)(100 - 90\sin\theta)$$

$$= 10\,000 - 9\,000(\sin\theta + \cos\theta) + 8\,100\sin\theta \cdot \cos\theta。$$

令 $t = \sin\theta + \cos\theta$（$1 < t \leqslant \sqrt{2}$），则 $\sin\theta \cdot \cos\theta = \dfrac{t^2 - 1}{2}$，

故当 $t = \sqrt{2}$ 时，$S_{\max} = 14\,050 - 9\,000\sqrt{2} \approx 1\,324$（m²），

当 $t = \dfrac{10}{9}$ 时，$S_{\min} = 950$（m²）。

答：长方形停车场$PQCR$面积的最大值是1 324m^2，最小值是950m^2。

通过上面这几个例子的解析，相信大家对函数在生活中的运用有了更多的了解。其实，数学并不是枯燥的计算和分析，在生活中也有许多地方利用到函数的知识。因此，为了以后可以更好地解决生活中的实际问题，应学好数学，为祖国的建设做出自己的贡献。

反比例、牛吃草到排队论

一项工程，如果10个人来完成，需要30天；20个人来完成，需要15天。看起来这样推理是没有问题的。因为工程总量是个定值，完成时间与参与工程的人数成反比。这样的问题不常常在资料上出现吗？

只要稍一延伸，就会发现问题：30人来完成，需要10天；300人来完成，需要1天；3 000人来完成，需要0.1天……照这样推理，原来需要几十人修建几个月的楼房，只要人足够多，就可以在一瞬间之内建好！虽然人们常说人多好办事，但这也太不可思议了吧！

之所以得出这种不符合实际的结论，是因为在很多实际问题中，反比例函数模型的成立，是要求自变量的取值在一定范围内的。

而在反比例函数教学时，教材考虑到学生的接受能力，没有引入函数的定义域，那教师们更谈不上强调。

反比例函数教学对总量为定值强调较多。但有时候，由于有些人考虑不周到，因此把总量不为定值的问题也当作简单的反比例函数来处理了，典型的例子就是牛吃草问题。

一片草地能够让10头牛吃30天，如果有15头牛，能吃几天呢？如果简单地认为牛头数越多，吃的天数就越少，二者是反比例关系，则应该是$30 \times 10 \div 15 = 20$天。

此问题当然不会这样简单。牛吃的草，有的是原来的，有的是这些天里新长的，又不是只吃原来草场上的那些草。牛多了，新长的草还不够牛吃的，够吃的天数会比20天少。至于到底是多少天，由于题目条件不足，因此没法计算。下面给出一个完整的题目。

有一片草地，如果放牧24头牛，则6天吃完牧草；如果放牧21头牛，则8天吃完牧草。假设草每天匀速生长，每头牛吃草的量是相等的。如果放牧16头牛，则几天可以吃完牧草？

解这类问题的关键就是要注意到，虽然草总在生长，但草场上原来的草是定值，而草是匀速生长，所以每天新长出的草量也是不变的。抓住不变量，可以得到下面4个关系式，显然（3）和（4）可看作（2）的变式。

（1）草的生长速度=（对应的牛头数×吃的较多天数－相应的牛头数×吃的较少天数）÷（吃的较多天数－吃的较少天数）；

（2）原有草量=牛头数×吃的天数－草的生长速度×吃的天数；

（3）吃的天数=原有草量÷（牛头数－草的生长速度）；

（4）牛头数=原有草量÷吃的天数+草的生长速度。

所以此题解答如下。

草的生长速度：（21×8-24×6）÷（8-6）=12（份草/天）。

原有草量：21×8-12×8=72（份草）。

16头牛可吃：72÷（16-12）=18（天）。

此问题大有来头，最早是17世纪英国伟大的科学家牛顿提出来的，记载在他的《普遍的算术》一书中。

此类问题的研究很有必要，因为在实际生活中可以找到很多这样的例子。例如，超市的收银台平均每小时有60名顾客前来排队付款，每一个收银台每小时能应付80名顾客付款。某天某时刻，超市如果只开设一个收银台，付款开始4小时就没有顾客排队了，则如果当时开设两个收银台，则付款开始几小时就没有顾客排队了？

分析：一个收银台4小时处理4×80=320名顾客付款，4小时中有4×60=240名顾客前来排队，则超市开设一个收银台时有320−240=80名顾客要付款。设当时开设两个收银台付款开始x小时就没有顾客排队了，则80+60x=2×80x，解得x=0.8。

有人认为这道题是道错题，理由是收银员每小时能应付80名顾客，但只来了60名，这说明收银员完全可以应付过来，何必还要考虑增设收银台呢？

提出质疑说明他有过思考，假设每分钟来一个顾客，收银员马上处理，来一个走一个，确实用不着排队，更不用增设收银台，可是顾客的到来是随机的，而不是均匀的，以最差的情况来说，60名顾客同时付款，那么后面的人就要等四五十分钟了。而在一般情况下，可能要等半小时以上。等得太久，顾客可能会放弃购物，这是超市不愿意看到的，所以要考虑增加收银台。

而增加收银台，则意味着超市将增加成本，而且超市并不是每时每刻都那么忙。二者权衡之下，超市会根据需要增加收银台，但绝不会增加太多。

当然，有些生活中的数学问题被人为简化了，如下面这道排队问题。

画展9点开展，但早有人排队等候入场，从第一个观众来到时起，每分钟来的观众人数一样多。如果开3个入场口，9点零9分就不再有人排队了；如果开5个入场口，9点零5分就不再有人排队了。则第一个观众到达的时间是几点？

解：设每分钟来 x 个人，每个入场口每分钟进 y 个人，第一个观众到达时距9点有 z 分钟，由题可得 $x(z+9) \div (3 \times 9 \times y) = x(z+5) \div (5 \times 5 \times y)$，解得 $z=45$，所以第一个到达的时间是8点15分。

排队论是运筹学的一个分支，主要研究系统随机聚散现象和随机服务系统工作过程的数学理论和方法。排队论应用十分广泛，千万不要觉得只有排着长龙的地方，才有排队论。例如，一条线路要安排多少辆公交车、移动公司要安排多少个接电话的客服、医院要安排多少张病床……很多实际问题都要用到排队论。甚至可以说，排队论适用于一切服务系统，尤其在通信系统、交通系统、计算机、存储系统、生产管理系统等领域。

评价一个排队系统的好坏要以顾客与服务机构两方面的利益为标准，既要满足服务对象的需要，又要使机构的费用最经济或某些指标最优。就顾客来说，总希望等待时间或逗留时间越短越好，从而希望服务台个数尽可能多些。但是，就服务机构来说，增加服务台数，就意味着增加投资，增加多了会造成浪费，增加少了要引起顾客的抱怨甚至失去顾客，增加多少比较好呢？顾客与服务机构为了照顾自己的利益对排队系统中的三个指标（队长、等待时间、服务台的忙期）都很关心。因此，这三个指标也就成了排队论的主要研究内容。

几种体育运动中的数学问题

《课程标准》指出，数学教学必须从学生熟悉的生活情境和感兴趣的事物中提供观察和操作机会，使他们感受到数学就在身边，感受到数学的趣味和作用，对数学产生亲切感。要重视对学生发现问题、解决问题能力的评价。因此，在教学中教师要善于根据学生的生活经验，从学生出发，为学生提供富有现实意义的探究性材料，把数学问题生活化，把现实问题数学化，让学生在现实的问题情境中和解决问题的过程中去寻找数学、发现数学、探究数学、认识数学和掌握数学，体验到生活中处处有数学，数学就在我们身边，从而增强学生学习的动力，产生积极的数学情感。本书就数学伴随体育运动的发展举一些例题，阐述一些观点。

【例23】小明同学掷出的铅球在场地上砸出一个直径约为10 cm、深约为2 cm的小坑（图21），则该铅球的直径约为（　　）。

A.10 cm　　B.14.5 cm　　C.19.5 cm

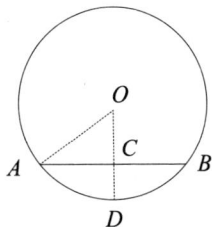

解析：先把实际问题构建成数学模

图21 铅球掷出的小坑

型，由于生活中的铅球是球体，因此这个被砸出的小坑是图形，可以利用圆的垂径定理来解决这个问题，画草图如图21所示，过圆心O作OC⊥AB交AB于点C，交圆O于点D。则图中的AB=10 cm，即砸出小坑的直径；CD=2 cm，表示小坑的深度；OA是铅球的半径。根据垂径定理，AC=0.5×AB=5 cm，设OA=x，由勾股定理有$x^2 = 5^2 + (x-2)^2$，化简得4x=29，则该铅球的直径2x=14.5 cm。故本题应选择B。

说明：铅球是世界田径赛场上的传统项目。在原始社会，人们常用石头、梭镖等投掷，击中猎物以维持生存。后来，掷石成为重要作战武器。1896年，铅球成为第一届现代奥运会上投掷比赛的正式项目，使得各国健儿能一展雄风。在现在的学生体育课上，掷铅球是传统的课堂教学内容之一。溯其历史，从有体育运动那天开始，就注定与数学密不可分。

【例24】如图22，秋千拉绳的长OB=4 m，静止时，踏板到地面的距离BE=0.6 m（踏板厚度忽略不计）。小明荡秋千时，当秋千拉绳OB运动到最高处OA

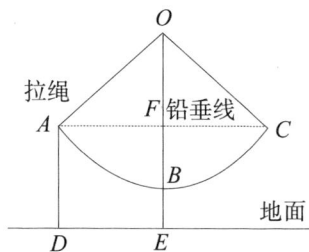

图22 荡秋千示例

时，拉绳OA与铅垂线OE的夹角为60°。试求：

（1）此时该秋千踏板离地面的高度AD是多少米；

（2）秋千荡回到OC（最高处）时，小明荡该秋千的宽度AC是多少米。

解析：在Rt $\triangle OAF$中，$OA=4$ m，$\angle AOF=60°$，$\angle AFO=90°$，有$OF=OA\cdot\cos 60°=2$（m），$AF=OA\cdot\sin 60°=2\sqrt{3}$（m）。

（1）$FB=OB-OF=2$ m，$AD=EF=FB+BE=2+0.6=2.6$（m）。

（2）根据圆的垂径定理有$AC=2AF=4\sqrt{3}$m。

说明：荡秋千是集健身和娱乐于一体的运动游戏，特别受中小学生的喜爱。它始于春秋，盛行于唐。在唐代，每值"暖风十里丽人天"的季节，宫廷中"竞竖秋千"，民间老少用做的"竹竿秋千"在草坪上凌空翩翩。东汉著名医学家张仲景对前来就诊的体弱者开的药方便是荡秋千，因为荡秋千时全身参与活动，有利于血液循环，促进人体的新陈代谢，可以使体弱的人增强体质，增进人体内部各器官的功能。

【例25】图23所示为是小明在健身器材上进行仰卧起坐锻炼时的情

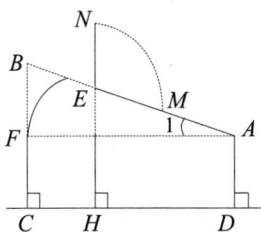

图23 小明在健身器材上进行仰卧起坐锻炼时的情景

景。已知$BC = 0.64$ m，$AD=0.24$ m，$AB=1.30$ m。

求AB的倾斜角$\angle 1$的度数（精确到$1°$）；

若测得$EN=0.85$ m，试计算小明头顶由M点运动到N点的路径弧MN的长度（精确到0.01 m）。

解析：（1）过A作$AF//DC$，分别交BC、NE延长线于F、H，所以四边形$AFCD$为矩形。

所以$BF=BC-AD=0.64-0.24=0.4$。

在Rt$\triangle ABF$中，因为$\sin \angle 1=\dfrac{BF}{AB}=\dfrac{0.40}{1.30}$，所以$\angle 1 \approx 18°$，即$AB$的倾斜角度数约为$18°$。

（2）因为$NE \perp AF$，所以$\angle AEH=90°-18°=72°$，所以$\angle MEN=180°-\angle AEH=108°$，所以弧$MN$的长$=108 \times \pi \times \dfrac{0.85}{180} \approx 1.60$（m）。

说明：仰卧起坐是非常方便且普及的一种体育运动，它能合理协调呼吸系统，促进腹部血液循环，锻炼腹部肌肉，使腹部肌肉收紧，能更好地保护好腹腔内的脏器。同时，仰卧起坐还可以拉伸背部肌肉、韧带和脊椎，并可以通过拉伸脊椎来调节中枢神经系统，适量运动还可以改善机体免疫功能，从而提高身体素质，是非常适合在全民中开展的一项运动。

扑克牌中的数学游戏

有一种称为"24点"的游戏曾经风靡许多国家，深受青少年朋友的喜爱。这种游戏将两张王牌去掉，把A、J、Q、K分别看作1点、11点、12点、13点，或者将它们均看作1点，其余的扑克牌牌面是几点就看作几点。

玩的规则不尽相同，其中有一种方法如下。

（1）四个人每人抓到13张牌，每人每次从手中任意抽取一张牌。

（2）参加游戏者对这四张牌所代表的数值进行+、−、×、÷、（ ）运算，使结果为24。

（3）谁先列出，谁就得1分，牌入底；若四人均无法列出，则无人得分，牌也入底。

（4）再次每人任意抽取一张牌，再次按（2）（3）规则进行。

（5）重复（2）（3）（4），直至每人手中13张牌全部用完为一局，得分多者为胜。

例如，抽出的四张牌为3、4、7、11，可以这样计算：

（7−4）×（11−3）=3×8=24或（7+11）÷3×4=18÷3×4=6×4=24。

这是一种非常有趣的游戏，下面一起来试一试。

【例26】抽出下面四组牌（A、J、Q、K分别为1点、11点、12点、13点）。

（1）2，3，4，5；　　　（2）3，4，5，10；

（3）K，7，9，5；　　　（4）J，6，Q，5。

你能算出24点吗？

分析：要想比赛获胜，必须有一些技巧，那就是要非常清楚24可以由怎样的两个数求得，如2×12=24，4×6=24，3×8=24，18+6=24，30−6=24，…。这样就可以把问题转化成怎样使用4个数凑出2个数的问题。其中有一点值得大家注意，就是4个数的顺序可以根据需要任意安排。

解：（1）根据2×12=24，可得2×（3+4+5）=24。

（2）根据3×8=24，可得3×（10÷5×4）=24。

（3）根据4×6=24，可得（13−7）×（9−5）=24。

（4）根据18+6=24，可得（11−5）+（6+12）=24。

说明：上面各题的解法并不一定是唯一的，如根据

$4 \times 6 = 24$，也可得第（2）组为 $4 \times (10 \times 3 \div 5) = 24$。但是，就因为这样，游戏才激烈、刺激。

【例27】如果恰巧四个人抽出的扑克牌是"1~9"中的同一数字的牌，请你帮忙想一想哪种情况可以算出"24"，怎样算？

分析：四人抽出同一数字的牌有9种情况：4个1，4个3，4个4，…，4个8，4个9。现在的问题转化为如何使4个相同的数字（1~9中的一个）之间填上运算符号，得"24"的问题。由于4个数字相同，因此用乘法关系最后求得"24"就不太容易，应考虑+、-关系：$27 - 3 = 24$，$25 - 1 = 24$，$20 + 4 = 24$，$12 + 12 = 24$，…。经过尝试可以发现，4个1和4个2由于数太小，因此无法算出"24"；而4个7、4个8和4个9由于太大，因此也无法算出。其余可以实现。

解：根据 $27 - 3 = 24$，可得 $3 \times 3 \times 3 - 3 = 24$。

根据 $20 + 4 = 24$，可得 $4 \times 4 + 4 + 4 = 24$。

根据 $25 - 1 = 24$，可得 $5 \times 5 - 5 \div 5 = 24$。

根据 $12 + 12 = 24$，可得 $(6 + 6) + (6 + 6) = 24$。

说明：有些不能算出24，可能是因为知识水平的限制，而并非真的不能，如请同学们想一想4个10，4个11，4个12，4个13能求解吗？

由上面的例子，可以很自然地想到这种游戏可以发展成一类专门的数学的问题，下面就来研究一下。

【例28】在下列各数间填上适当的运算符号，使算式成立。

（1）4 4 4 4=5；

（2）4 4 4 4=6；

（3）4 4 4 4=7；

（4）4 4 4 4=8；

（5）4 4 4 4=9；

（6）4 4 4 4=10。

分析：（1）4 4 4 4=5，最后一个4前面是3个4。如可凑出1，1+4=5；如可凑出20，20÷4=5，4×4+4=20，因此可求解。

（2）4 4 4 4=6，最后一个4前面是3个4，如可凑出2，2+4=6，即（4+4）÷4=2，因此可求解。

（3）4 4 4 4=7，前面2个4+4=8，后面2个4得1即可求解，4÷4=1刚刚好。

（4）和（6）可利用（3）的思路稍加变化进行求解。

（5）4 4 4 4=10，最后一个4，前面如是6，6+4=10可求解，但不易做到。如前面是40，40÷4=10也可以求解，44-4=40。数字连用在这类题目中是常用的一种技巧（题目中没有限制，当然是可以这样做的）。

解：（1）（4×4+4）÷4=5；

（2）（4+4）÷4+4=6；

（3）（4+4）-4÷4=7；

（4）（4+4）×4÷4=8；

（5）（4+4）+4÷4=9；

（6）（44-4）÷4=10。

说明：（1）（2）（6）中的解题思路是一种倒推的方法，这是一种常用的、行之有效的方法，同学们应加以掌握。（4）（5）中解题思路是依据数字的特点，这种方法依赖于良好的数感，需要大家经过一段时间的训练才能获得。

【例29】不用（），且运算符号不超过3次，填在适当位置，使下面的算式成立：

9 9 9 9 9 9 9 9 9=1000。

分析：不使用（），运算顺序只能从左往右，先×、÷

后+、-，运算符号不超过3次，就会得到一些多位数。首先选一个多位数尽可能接近1 000，可选999，1 000-999=1，后面6个9通过运算要得到"1"，就很简单了，999÷999，问题可求解；还可以用另一种方法接近1 000，9 999÷9=1 111，1 111-1 000=111，后面4个9通过运算想办法等于111，999÷9=111，问题也可解出。

解：999+999÷999=1 000，9 999÷9-999÷9=1 000。

说明：先靠近所求数，再进行适当调整，这是一种非常行之有效的方法，在数字较多时常常用到。当然，此题还有其他方法，大家可以用上面的思路再试一试。

【例30】填入适当运算符号，使下式成立。

9 8 7 6 5 4 3 2 1=1 000

分析：此题中9~1九个数字各不相同，位置固定，初看与前面的例题有很大不同，但是经仔细读题，认真分析可以发现，做此题时，+、-、×、÷、（ ）均可使用，运算符号用多少次没有限制，数字可以连用，也可以分开，条件很宽松。由于1 000数比较大，也采用例29中靠近结果，再凑较小数的方法解决。可以用987+6=993，再用5 4 3 2 1凑成7即可，这个方法就很多了。还可以取前边987和后边的21相加得1 008，中间的6 5 4 3凑成8就行了。

解：$987+6+5-4+3\times2\times1=1\,000$，

$987+6+5+4-3+2-1=1\,000$，

$987+6+（5-4）\times（3\times2+1）=1\,000$，

$987+6+5+（4-3）\times2\times1=1\,000$，

$987-（6-5+4+3）+21=1\,000$。

说明：此题还有许多解决方法，但无论哪种方法，都遵循先靠近结果，再凑较少数的原则，大家可以再想想，还能想到什么方法？

【例31】在下列算式中合适的地方填上括号，使算式成立。

（1）$4+5\times6+8\div4-2=31$。

（2）$4+5\times6+8\div4-2=39$。

（3）$4+5\times6+8\div4-2=21$。

（4）$4+5\times6+8\div4-2=54$。

分析：（1）从最后一步逆推，减号前面的式子要得33，还从后面入手要求$4+5\times6+8=33\times4$，这是无法实现的。从后面再往前一步推，$31\times（4-2）=62$，就应设法使$4+5\times6+8=62$，

尝试发现括号的填法有（4+5）×6+8，因此括号的填法为 [（4+5）×6+8] ÷（4-2）=31。

（2）从最后一步逆推，减号前面的式子要得41，还从后面入手要求4+5×6+8=41×4，这是无法实现的。从前面入手考虑，就应设法使5×6+8÷4-2=35，还从前面想这就需要6+8÷4-2=7，可这样实现（6+8）÷（4-2）。因此，括号的填法为4+5×（6+8）÷（4-2）=39。

（3）从后面减2，前面的式子得23才能有解，但4+5×6+8÷4无论如何加括号，都不可能现实。把4-2放在一个括号里等于2，而除号前面的式子就要得42，通过观察容易发现，4+5×6+8按顺序计算就可得42，所以此题括号的填法是（4+5×6+8）÷（4-2）=21。

（4）结果为54，通过观察发现（4+5）×6=54，按顺序后面8÷4-2=0，所以容易得到（4+5）×6+8÷4-2=54。

解：（1）[（4+5）×6+8] ÷（4-2）=31。

（2）4+5×（6+8）÷（4-2）=39。

（3）（4+5×6+8）÷（4-2）=21。

（4）（4+5）×6+8÷4-2=54。

说明：填括号时既可以用"（）"，也可以根据需要用"[]"，从式子的一端起，经过尝试、淘汰，最终可以找到解题方法。

奇妙的"生日悖论"：这就是数学的魔力

开动脑筋，想想生日中有趣的数学现象。例如，四年才出现一次2月29日，也意味着这一天出生的人四年才能过上一次生日。此外，如果在街上偶遇一人，你们同一天生日的可能性有多大？

似乎很渺茫，对吧？366天，遇到同一天生日的概率为1/366或0.27%，概率极小，这就是为什么当你遇到一个和你同一天生日的人，你会惊奇不已。

那么，考虑一下这样的问题：在一个房间里，至少有多少人，才能使其中两个人的生日是同一天的可能性超过50%？

有人可能认为房间人数起码得达到183人，因为183是366的一半。这是错误的，其实只需要23个人，你相信这仅仅只需要23个人吗？听起来似乎不可能，但这是真的。

这个有趣的数学现象称为"生日悖论"。当然，这不是一个真正的逻辑悖论，因为它不是自相矛盾的。它只是非常令人不可思议、难以置信。

那么，这背后的数学原理是怎样的呢？

在开始解释这个原因之前，先假设一年只有365天，每一天的生日概率相同。虽然假设不完全准确，但可以使计算更加方便，而且不会影响到最终结果。

"生日悖论"会令人感到难以置信，因为人类倾向于从自己的角度看待问题。人们通常这样想，如果一个房间里加上自己共有23人，你会觉得在这22人里跟你同一天生日的可能性太低了。365天，现在却只有22个人，你可能会想概率只有22/365，所以很难在这22个人中遇上跟自己同一天生日的。

其实，这是一种错误的思考方式——只是站在你自己的角度来思考有谁与你生日是一样的。

事实上，生日问题指的是在任何23个人中，两人生日相同的概率是多少，而不是你进入了一个有着22个人的房间，房间里有人会和你有相同生日的概率。

需要挨个比较房间里每个人之间的生日，把第一个人与其他22个比较，把第二个人与其他21个人比较，第三个人与其他20个人比较……直到最后第二个人与最后一个人比较。将23个人之间的所有这些比较加起来，产生22 + 21 + 20 … + 1 =23 × 22 ÷ 2 = 253种不同的搭配，所以产生一对生日相同的并非不可思议。

人们通常是站在这样一个角度来看问题——你进入了一个有着22个人的房间，那么房间里有人会和你同一天生日的概率非常低，原因是这时只能产生22种不同的搭配，这应该非常好理解。

为计算出生日相同的概率，可以先计算所有人生日都不同的概率。那么，第一人生日是唯一的概率为365/365，第二个人生日是唯一的概率则下降到364/365，以此类推，第23个人生日是唯一的概率为343/365。

然后，把所有23个独立概率相乘，即可得到所有人生日都不相同的概率为（365/365）×（364/365）×…×（343/365），得出结果为0.491。那么，再用1减去0.491，就可以得到23个人中有至少两个人生日相同的概率为0.509，即

50.9%，超过一半的可能性。

通过公式可以看到，随着房间中人数的增加，至少有两人生日相同的概率也增加。

例如，一个教室有30名学生，那么两个同学生日相同的概率为70%。如果把人数增加到70个人，那么至少有两人生日是同一天的概率为99.9%。

商品条形码中的数学

在现实生活中，商品条形码随处可见，但它并没引起我们太多的注意！但是如果你进过超市购过物，相信你应该对条形码不会太陌生。在超市的每件商品上，都贴有或印有一种黑白相间、粗细间隔不等的条纹，下面一般还附有一排数字，这就是条形码。条形码与生活息息相关。

可以想象一下，如果没有条形码，当商品的数量很多时（如在大型超市、大卖场等），要一件一件地去记录它的价格，加上种类的辨别后就更难去确定价格了，但只要将商品附上条形码，就可以轻易地区分开来。商品条形码相当于商品的"身份证"，只要收银员事先把各种商品的条形码及其价格输入电脑，则下次只需扫描条形码就可以立即看到物品的价格了。

小小的条形码怎么会有如此大的作用呢？其实只要仔细观察就不难发现，每件商品上的条形码都是不一样的，它的组成结构基本相同。商品包装上的条形码具有国际通用性，大部分是由13个数字组成的。

1.条形码的含义

前缀码俗称国家或地区代码，也就是前3位显示该商品的出产地区（国家），接着的4位数字表示所属厂家的商号，这是由所在国家（或地区）的编码机构统一编配给所申请的厂家的。再接下来的5位数是个别货品号码，由厂家先行将产品分门别类，再逐一编码，厂家一共可对10万项货品进行编码。最后一个数字是校验码，以方便扫描器核对整个编码，避免误读。

2.条形码的分类

按码制分类，可分为UPC码、EAN码、交叉25码、39码、库德巴码、128码、93码、49码，还有一些不太常用或已经被淘汰的条形码。

按维数分类，可分为普通一维码、二维码、多维码。一维码通过黑白相间平行线条不同的间距确定识别。二维码通过大大小小不同的黑白的点存储信息。一维码能迅速识别对象的基本信息，如商品的名称、价格等。但一维码仅能标识商品，而不能描述商品，就好比它虽然知道所识别的正是计算机内的某个物品的代号，但不能确定所识别的是"张三"还是"李四"，也不晓得二者间的区别。二维码不仅能够标识，还能够轻松描述对象信息。例如，将其运用到证件上，通过相关设备扫描后，该证件持有人的姓名、年龄甚至职位、是否有前科等信息都快速在计算机中显现出来，无须像一维码一样要等到计算机数据库来确认这些信息。因此，不难看出现在在超市或商场中看到的条形码基本上都是一维码。

3.条形码的结构

商品条码的编码结构包括标准版商品条码（EAN-13条码）和缩短版商品条码（EAN-8条码）。EAN是European Article Number的简称，原是欧洲标准，后延伸成为国际物品编码协会的标准，我国目前推行使用的就是这种商品条形码。

（1）标准版商品条码：EAN-13。

标准版商品条码所表示的代码由13位数字组成，其结构如下。结构一：$X_{13}X_{12}X_{11}X_{10}X_9X_8X_7X_6X_5X_4X_3X_2X_1$。其中，$X_{13}\cdots X_7$表示厂商识别代码；$X_6\cdots X_2$表示商品项目代码；$X_1$表示校验码。

结构二：$X_{13}X_{12}X_{11}X_{10}X_9X_8X_7X_6X_5X_4X_3X_2X_1$。其中，$X_{13}\cdots X_6$表示厂商识别代码；$X_5\cdots X_2$表示商品项目代码；$X_1$表示校验码。当$X_{13}X_{12}X_{11}$为690、691时，其代码结构同结构一；当$X_{13}X_{12}X_{11}$为692时，其代码结构同结构二。

（2）缩短版商品条码：EAN-8。

缩短版商品条码由8位数字组成，其结构如下：X_8X_7 $X_6X_5X_4X_3X_2X_1$。其中，$X_8X_7X_6$的含义同标准版商品条码的$X_{13}X_{12}X_{11}$；$X_5X_4X_3X_2$表示商品项目代码，由EAN编码组织统一分配，在我国由中国物品编码中心统一分配；X_1表示校验码，计算时需在缩短版商品条码代码前加5个"0"，然后按标准版商品条码校验码的计算方法计算。

4.条形码的验证

为保证条形码的读取准确，商品最后一位校验码用来校验商品的条形码中前12位数字代码的准确性。当条形码的数字输入错误时，就会与校验码不一致，这样就能立即发现错误，从而避免不必要的损失出现。因此，要了解校验码的计算方法。

代码位置序号：代码位置序号是指包括校验码在内的，由右至左的顺序号（校验码的代码位置序号为1）。

校验码的计算步骤如下（表5）：

（1）从代码位置序号2开始，所有偶数位的数字代码求和；

（2）将步骤（1）的和乘3；

（3）从代码位置序号3开始，所有奇数位的数字代码求和；

（4）将步骤（2）与步骤（3）的结果相加；

（5）用大于或等于步骤（4）所得结果且为10最小整数倍的数减去步骤（4）所得结果，其差即为所求校验码的值。

表5 校验码的计算步骤

步骤	举例说明													
1.自右向左顺序编号	位置序号	13	12	11	10	9	8	7	6	5	4	3	2	1
	代码	6	9	0	1	2	3	4	5	6	7	8	9	X
2.从序号2开始求出偶数位上数字之和①	9+7+5+3+1+9=34 ①													
3.①×3=②	34×3=102 ②													
4.从序号3开始求出奇数位上数字之和③	8+6+4+2+0+6=26 ③													
5.②+③=④	102+26=128 ④													
6.用大于或等于结果④且为10最小整数倍的数减去④,其差即为所求校验码的值	130−128=2 校验码X1=2													

5.条形码的应用

根据以上信息可以看到,条形码不仅包含商品的价格,而且还体现着商品的所属国家、生产企业、种类等极其丰富的关于商品的各种信息。当超市营业员用光电扫描器扫描时,就能快速地读出其所隐藏的信息,以实现生产、储存、运输、销售活动的方便性。正因为商品条形码化具有各种好处,所以其在现代商品社会中得到了广泛的应用。条形码技术的应用是实现现代化管理的必要手段，其优越性是众所周知的，无论工业领域如何发展，条形码都是实现工业自动化的必由之路。随着国内工业技术的发展，已有不少工厂实现了条形码的销售管理、库存管理和生产过程管理。

生活中数学无处不在，在小小的条形码中就看到了数学在生活中广泛的应用。事实上，数学作为一门基础性的学科，正在以令人难以置信的速度和深度渗入国民经济的方方面面，而在数学中体现的文化也在社会的发展中得到了广泛传播。

统计学在生活中的应用

统计学并不是一门独立存在的学科，它是以数学知识和数理统计为基础，将数理统计方法与其他学科专业知识交叉融合形成的具有极强推断性的一种分析方法。现阶段，随着科学技术的快速发展，为加强对自然社会各个领域现象的判断和整理能力，将统计学应用在生活各个方面已经成为现阶段的数理统计的一种便捷方法。

1.统计学的概念

统计学是指调研人员通过一系列的手段对整理出来的数据信息进行整理分析，从而推断出调研对象本质，甚至可以对未来的类似问题进行预判的一门综合性学科。在进行统计学整体分析的过程中需要用到大量的数学知识及其他相关学科的专业知识，统计学由于其自身独特的性质，因此在社会科学和自然科学的各个领域几乎都可以使用。

2.统计学在生活中的应用分析

（1）统计学在经济学中的重要应用。运用统计学对生活中的数据信息进行整理分析，首先要学习统计学的基础知识及数据统计分析等学科，这些基础知识和方法都是在开展统计学应用活动之前调研人员所必须掌握的。统计学课程的学习作为经济学学科当中的重要分支，在经济学课程中经常被应用。例如，经济学的计量统计就需要以统计学在金融中的重要意义和地位作为基础，将金融知识与统计学知识相结合，将金融计量与时间的序列相结合，对收集到的金融数据进行整理分析，得出金融计量和时间序列的一定关系。统计学在金融经济学中有着十分重要的工具性作用，主要包括两个方面：一方面，在思想上而言，统计学是对数据统计分析结果进行研究，最后得出研究对象的判断结果，为保证研究结果的准确可靠性，统计学在进行数据整理分析过程中必须带着严谨的科学态度，这种严谨的科学态度对于经济学的相关理论分析具有十分重要的指导地位，这是研究人员在对金融量进行数学分析的过程中，为保证金融数学分析结果的准确可靠性，就必须保证金融量数据收集分析等预处理过程是科学合理的；另一方面，统计学是经济学进行科学试验研究最优化的选择，经济试验研究活动的多样性及研究对象之间错综复杂的关系导致经济学的试验研究活动受到诸多限制，运用统计学进行经济学试验研究活动可使经济学试验研究的对象变得简洁明了，降低试验研究的成本支出。从统计学在经济学中的应用可以看出，经济学中的统计学应用主要是运用了统计学当中经济必然性的思想，使得经济学当中的统计结论不具备复杂的思想成本。

（2）统计学在医学中的重要应用。统计学在医学中应用的主要原因就是生物医学中存在的不确定性和变异性。生物医学主要的研究目标就是与人体健康相关的不确定因素，也就是通常所说的医学变异现象。变异现象在生物体中是普遍存在的。例如，对于外在条件基本相同的两个病人，在相同的条件下进行治疗时，却有可能出现有的病人被治愈，有的病人治疗效果不明显，甚至还会出现死亡的现象。造成这些外在条件相同的生命体却出现不同程度治愈的主要原因就是生物医学中存在的不确定性，或是人体中存在的错综复杂的随机因素。客观差异存在的原因。在医学临床统计中发现，同一种病因的客观性规律对于健康人的共同作用的交织与疗效的考查的病人很少。在医学中运用统计学最主要的就是通过观察不同疗效病人的医疗诊断效果，将实际的医学诊断治疗效果与医学理论和假设进行验证，运用概率论及数学方法对对比结果进行分析、判断，运用电子计算机等相关软件设备对研究对象的指标进行记录，并绘制相应的图表等，通过综合运用多种数理统计方法，得出与研究对象相关的研究结果。将统计学应用到医学中，可以促进统计方法和多变量分析法在医学试验研究中的应用。对未知病因所造成的医疗诊断事故进行分析，可以促进医疗诊治手段的不断创新发展。

（3）统计学在体育比赛中竞技指标的应用。统计学在体育比赛中的应用，主要是用统计的职业联赛的数字，反映比赛队伍能否成为世界顶级。这是因为在体育比赛中，应用统计学可以对比赛中的胜率进行分析。主要是将每个队员在每个赛季比赛的分数与常规赛场上的分数进行统计，通过一系列的数学计算分析，制定出每个队员得分平均值和标准差之间的正态分布图，通过正态分布图的稳定性来判断队员的技术稳定性。以众所周知的NBA篮球比赛为例，由于明星球员众多，因此在运用统计学进行数据整体分析时，需要根据本质上的规律进行数据统计，而不是随意地选择数据进行统计。例如，在进行篮球比赛发球这一项双方队员的进攻和防守的概率时，在进行指标选择时就涉及随机事件的发生概率。因此，可以运用统计学统计球员在每一场比赛上的平均得分，通过这些数据指标的正态分布图来确定球员的技术稳定性。

在日常生活中应用统计学对数据进行管理分析，可以极大地提高生产生活中对研究对象的管理效率，使得研究对象变得明确，降低管理成本。在实际的生产生活中应用统计学时，调研人员需要通过多次的试验和随机概率对比来确定事件发生的概率，通过定量定性的数理统计分析工作，充分发挥统计学对生产生活的促进作用。

生活中负负得正的解释

  有理数乘法法则的教学难点是理解"负负得正"的合理性。为解决这一难点，目前不同版本的教材和教师的教学实践研究都采用了不同的方法，归纳起来主要有四种：用现实情境模型，如蜗牛爬行模型或气温变化模型；显性运用分配律，即先承认当引入负数之后乘法分配律仍然成立，以此作为基础进行演算；类比模型，运用相反数的性质，归纳出当一个因子不变，另一个因子变为原来因子的相反数时，积也变为原来积的相反数，并把这一规则运用到正数×负数和负数×负数的运算中；利用弗莱登塔尔称之为"归纳外推法"，又称"隐形运用分配率"的方法。四种方法各有利弊，现实情境模型的意图是为学生提供直观解释，它旨在加强学生在小学阶段对乘法运算的理解，但所有的现实情境模型都需要定义两组相反意义的量，尤其涉及对时间定义正负时，因有悖于学生的生活直观而造成理解上的难点；显性运用分配律，即在承认运算律的前提下，讨论有理数的乘法法则，在逻辑上是不妥当的，负数引入之后，乘法分配律是否成立，还需待有理数乘法法则建立之后再讨论；运用相反数的性质，实际上是直接使用了有理数的乘法法则；归纳外推法则应用不完全归纳法，忽视了学生对乘法发展建构的认知基础，同时实践证明由于初一学生的认知水平有限，因此直接应用归纳外推法，学生发现其中的规律有困难。以上四种模型或重直观，或重推理，二者的分离让学生对负负得正的建构变得尤为困难。

在教学中，要积极倡导数学与生活实际的融合，尽可能用简洁的经验和事实来说明和解释数学问题。就像弗赖登塔尔所提倡的数学化思想中的"数学现实"原则一样，数学是来源于现实的，也必须扎根于现实，并且最后要能应用于现实。如果数学教育脱离了丰富多彩的背景材料，就成了"无源之水，无本之木"。因此，教师在教有理数乘法的内容时，离不开丰富的现实事例。例如，可以用气温的升降、运动方式的变化及水位的变化等现实例子来引入教学，这样才有助于激发学生学习数学的兴趣，也体现了数学的直观性，能帮助学生更好地理解所学知识。虽然直观性教学不一定就是万能的，数学的发展越往后发展就越趋近于抽象化和形式化，但就中学生来说，此时的直观性教学更符合他们的认知水平，也只有直观的才是他们可以理解和接受的。

1.债务模型

20世纪，美国数学家M.克莱因用生活中的债务模型解决了"负负得正"这个难题。他声称："如果记住物理意义，那么负数的运算以及负数和正数的混合运算是很容易理解的。"M.克莱因的解释如下。

假定一人每天欠债5美元，而在给定日期，他身无分文（0美元）。那么，给定日期3天后，他欠债15美元，如果将5美元的债记成-5，那么每天欠债5美元，欠3天，可以用数学式子表达为3×（-5）=-15；在给定日期3天前，他的财产比给定日期多15美元，如果用-3表示3天前，-5表示每天欠债数，那么3天前他的经济情况可表示为（-3）×（-5）=+15。

美国数学家杜雷尔在《代数入门》中给出了另一种解释。

100美元取5次，得500美元，即（+100）×（+5）=+500；

100美元债务取5次，得-500美元，即（-100）×（+5）

=−500；

100美元扣除5次，得−500美元，即（+100）×（−5）=−500；

100美元的债务扣除5次，相当于增加了500美元，即（−100）×（−5）=+500。

2.运动模型

1882年，美国数学家奥利弗等在《代数专论》中给出了运动模型：一列火车以20英里/小时（1英里=1.609千米）的速度从西往东开，现经过A处。则5小时后，将到达A处以东100英里处，此即20×（+5）=100；5小时前，位于A处以西100英里处，此即20×（−5）=−100。若火车以20英里/小时的速度从东往西开，现经过A处。则5小时后，将到达A处以西100英里处，此即（−20）×（+5）=−100；5小时前，位于A处以东100英里处，此即（−20）×（−5）=100。

3.气温模型

某气象站测得海拔每升高1千米，温度就降低0.6 ℃。现在观察点的气温为0 ℃。规定气温升高为正，气温下降为负，观察点以上为正，观察点以下为负，问：在观察点以下3千米的地方，气温是多少摄氏度？易得（-0.6）×（-3）=1.8，即气温为1.8 ℃。

4.气球模型

美国数学家斯劳特等在《初等代数》中用如下实例来说明正、负数的乘法。一位气球驾驶员在出发之前，做了如下准备工作。

（1）他给气球充入9 000立方英尺（1英尺=304.8毫米）的气体，气体每1 000立方英尺的上升力为75磅（1磅=453.9克），则气球受到的浮力为（+75）×（+9）=+675磅。

（2）他取了8袋沙子，每袋重15磅，可表示为-15，则（-15）×（+8）=-120，即气球受到的阻力为120磅。

若在气球飞行过程中，驾驶员打开阀门，放掉2 000立方英尺的气体，可表示为（+75）×（-2）=-150，相当于气球受到的阻力增加了150磅；驾驶员扔掉4袋沙子，相当于气球受到的浮力增加了（-15）×（-4）=+60磅。

5.收支模型

美国数学家贝尔曼和数学史家史密斯在《代数基础》中通过一个现实生活中的例子来解释符号法则。某镇上每人每周需纳税1美元。若有5人迁入该镇，则该镇每周收入（+5）×

（+1）=+5美元；若有5人迁出该镇，则该镇每周收入（-5）×（+1）=-5美元。该镇每周为每个流浪汉支付1美元，若有5个流浪汉迁入，则该镇每周收入（+5）×（-1）=-5美元；若有5个流浪汉迁出，则该镇每周收入（-5）×（-1）=+5美元。

后人将其改编成类似的故事模型：好人用正数表示（+），坏人用负数表示（-）；进城用正数表示（+），出城用负数表示（-）；好事用正数表示（+），坏事用负数表示（-）。好人（+）进城（+），对城市来说是件好事（+），所以（+）×（+）=+；坏人（-）出城（-），对城市来说是件好事（+），所以（-）×（-）=+。

"负负得正"是有理数乘法的一条重要法则，如何解释这条法则的合理性？如何给"负负得正"这条法则赋予意义？这是任何一位初中数学教师在教学中必然面临的一个问题。研究表明，97%的学生会利用"负负得正"进行运算，但仅有不超过12%的学生能够解释它的合理性。这充分说明理解这条法则的合理性是学生学习该法则的难点所在。而"运用现实模型"就是通过生活中的实例或模型，凭借学生的生活经验直观地找到"负负相乘"的结果，从而解释"负负得正"法则的合理性是运用最广泛的。例如，人教版（2007）中以"蜗牛爬行"为模型引入"负负得正"，规定"向左为负，向右为正，向前为负，向后为正，蜗牛现在恰好在原点O处"。如果蜗牛一直以每分钟2厘米的速度向左爬行，那么3分钟前它所在的位置就是（-2）×（-3）=+6厘米。

总共有14个解释是属于"运用现实模型"类型的，具体涉及的模型有"蜗牛爬行""仓库进货出货""温度上升下降""存款与亏空""逆水行舟""水库水位上升与下降""火车的运行""物体的放置与拿走"等。

生活中的概率问题

一个病人问医生："大夫，我听说，患我这种病的100人中有99个是要死的，看来我是没有活着的希望了。"医生回答说："不，我的老兄，正好相反，你非常走运，我的医院昨天第99个患这种病的人刚好死了。"

相信大家都学过一些概率统计，而且都会觉得这个人的逻辑很可笑。但如果要说明这个逻辑可笑在哪里,毛病出在什么地方,没有一定程度的概率统计知识还不一定说得清楚。概率统计大概要算是应用最广的一门学科了。在学校,无论是文科、理科还是经济、医学都要学它。不过,它当初的产生与这些应用科学没有任何关系,纯粹是一些人为了解决赌博中遇到的问题而产生出来的。例如,几何的产生是为了劳动人民测量田地,三角的产生是为了劳动人民看月亮星星。概率论虽然产生于赌场,但赌场里的人并不需要懂概率。

许多问题并不是单纯的组合问题,还要考虑一些其他的因素。例如,打桥牌时决定是否要飞张时,并不能只考虑大牌分布的概率因素,还要考虑叫牌过程等,这就是所谓的条件概率。现实生活中的问题就更复杂了,许多时候它所依赖的条件并不能准确地用数学表达出来,而只能是凭经验、凭感觉或别的计算。例如,天上的云的情况与第二天是否下雨,这二者之间有很强的统计规律,甚至有很多农谚因此而产生。但真正要预报天气却不能靠这些农谚,还要做大量的非概率运算。

现实生活中完全纯概率组合的问题也是有的,如买彩票,也就是通常说的"乐透奖"。有一种通行的"乐透奖",是从

1到44中选六个数，如果全部选对，则可中大奖。这是一个纯组合的问题，没有任何别的因素。中奖的概率很容易算出来，大约七百万分之一，这个概率相当小。懂概率的人大都不会去上这个当。

概率论渗透到现代生活的方方面面。正如19世纪法国著名数学家拉普拉斯所说："对于生活中的大部分，最重要的问题实际上只是概率问题。可以说，几乎所掌握的所有知识都是不确定的，只有一小部分能确定地了解。甚至数学科学本身，归纳法、类推法和发现真理的首要手段都是建立在概率论的基础之上的。因此，整个人类知识系统是与这一理论相联系的。"

1.婴儿出生时的男女比例

一般人或许认为：生男生女的可能性是相等的，因此推测出男婴和女婴的出生数的比应当是1：1，可事实并非如此。

公元1814年，法国数学家拉普拉斯在他的新作《概率的哲学探讨》一书中记载了有趣的统计。他根据伦敦、柏林和全法国的统计资料，得出了几乎完全一致的男婴和女婴出生数的比值是22：21，即在全体出生婴儿中，男婴占51.2%，女婴占48.8%。可奇怪的是，当他统计1745—1784年整整40年间巴黎男婴出生率时，却得到了另一个比是25∶24，男婴占51.02%，与前者相差0.14%。对于这千分之一点四的微小差异，拉普拉斯感到困惑不解，他深信自然规律，他觉得这千分之一点四的后面一定有深刻的因素。于是，他深入进行调查研究，终于发现：当时巴黎人"重女轻男"，有抛弃男婴的陋俗，以至于歪曲了出生率的真相。经过修正，巴黎的男女婴的出生比率依然是22∶21。

2.一名优秀数学家=10个师

在第二次世界大战中，美国曾经宣布：一名优秀数学家的作用超过10个师的兵力。这句话有一个非同寻常的来历。

1943年以前，在大西洋，英美运输船队常常受到德国潜艇的袭击。当时，英美两国限于实力，无力增派更多的护航舰。一时间，德军的"潜艇战"搞得盟军焦头烂额。

为此，有位美国海军将领专门去请教了几位数学家，数学家运用概率论分析后得出，舰队与敌潜艇相遇是一个随机事件，从数学角度来看这一问题，它具有一定的规律性。一定数量的船（为100艘）编队规模越小，编次就越多（为每次20艘，就要有5个编次），编次越多，与敌人相遇的概率就越大。

美国海军接受了数学家的建议，命令舰队在指定海域集合，再集体通过危险海域，然后各自驶向预定港口。结果奇迹出现了：盟军舰队遭袭被击沉的概率由原来的25％降为1％，大大减少了损失，保证了物资的及时供应。

3.什么是概率天气预报？

概率天气预报是用概率值表示预报量出现可能性的大小，它所提供的不是某种天气现象的"有"或"无"和某种气象要素值的"大"或"小"，而是天气现象出现的可能性有多大。如对降水的预报，传统的天气预报一般预报有雨或无雨，而概率预报则给出可能出现降水的百分数。百分数越大，出现降水的可能性越大。一般来说，概率值小于或等于30％，可认为基本不会降水；概率值为30％~60％，降水可能发生，但可能性较小；概率值为60％~70％，降水可能性很大；概率值大于70％，有降水发生。概率天气预报既反映了天气变化确定性的一面，又反映了天气变化的不确定性和不确定程度。在许多情况下，这种预报形式更能适应经济活动和军事活动中决策的需要。

4.生命中的危险概率

生活就是一场冒险。日常生活中出现一些危险是难免的，问题是遭遇某种危险的概率有多大。一般来说，如果遭遇某种危险的概率低于十万分之一，还能坦然视之；但如果危险概率提高到万分之一，就要小心了。

每年都可能遇到的危险概率如下。

受伤：危险概率是1/3。

难产（行将生育的妇女）：危险概率是1/6。

车祸：危险概率是1/12。

心脏病突然发作（如果您已超过35岁）：危险概率是1 / 77。

在家中受伤：危险概率是1/80。

受到致命武器的攻击：危险概率是1/260。

死于心脏病：危险概率是1/340。

家中成员死于突发事件：危险概率是1/700。

死于突发事件：危险概率是1/2 900。

死于车祸：危险概率是1/5 000。

染上艾滋病：危险概率是1/5 700。

被谋杀：危险概率是1/1 110。

死于怀孕或生产（女性）：危险概率是1/4 000。

自杀：危险概率分别是1/20000（女性）和1/5 000（男性）。

因坠落摔死：危险概率是1/20 000。

死于工伤：危险概率是1/26 000。

走路时被汽车撞：危险概率是1/40 000。

死于火灾：危险概率是1/50 000。

溺水而死：危险概率是1/50 000。

如果您自己不吸烟，而您的配偶吸烟，那么您可能受二手烟污染而死于肺癌：危险概率是1/60 000。

被刺致死：危险概率是1/60 000。

死于手术并发症：危险概率是1/80 000。

因中毒而死（不包括自杀）：危险概率是1/86 000。

骑自行车时死于车祸：危险概率是1/130 000。

吃东西时噎死：危险概率是1/160 000。

被空中坠落的物体砸死：危险概率是1/290 000。

触电而死：危险概率是1/350 000。

死于浴缸中：危险概率是1/1 000 000。

坠落床下而死：危险概率是1/2000 000。

被龙卷风刮走摔死：危险概率是1/2 000 000。

被冻死：危险概率是1/3 000 000。

一生中可能遭遇到的危险如下。

死于心脏病：危险概率是1/3。

死于癌症：危险概率是1/5。

死于中风：危险概率是1/14。

死于车祸：危险概率是1/45。

自杀：危险概率是1/39。

死于艾滋病：危险概率是1/97。

死于飞机失事：危险概率是1/4 000。

死于狂犬病：危险概率是1/700 000。

5.艾滋病的传染概率有多大?

据某医院性传播疾病防治中心主任介绍，艾滋病是通过三种传播途径传染给他人的，即血液传播、性传播和母婴传播。如果一个正常人输进了HIV（艾滋病病毒）阳性感染者或艾滋病病人的血液，其感染的概率是95%，而一个HIV阳性感染者或已经发病的病人与一个正常人发生性关系的感染概率和性别有一定关系，男传女的概率是0.2%，女传男的概率是0.1%，男传男的概率要比以上两种方式大得多。如果母亲是一个HIV阳性或艾滋病病人，其感染给胎儿的概率是25%，但是如果母亲经过AZT的抗病毒治疗，其胎儿的感染概率可下降到8%，经过联合疗法（鸡尾酒疗法）治疗，胎儿的感染概率可能下降到2%。

艾滋病病毒是一种十分脆弱的病毒，它对热和干燥十分敏感。在干燥的环境中，艾滋病病毒10分钟死亡，在60℃的环境中30分钟灭活。如果一支刚接触病人身体带有血液的注射器马上刺入正常人体内，其感染的概率小于0.3%。蚊虫叮咬不会传染艾滋病就是因为这个原因。

在医学史上，人类经历了霍乱、鼠疫、黄热病和天花等多种流行病的侵害，而人类最终还是战胜了它们。如今面对艾滋病，有关遏制艾滋病的医学研究也正在紧锣密鼓地开展。例如，用传统医学方法研制的艾滋病疫苗，用中医药技术研发的艾滋病抗体及从计划生育角度转而提倡运用的"避孕套"，这些都让我们看到人类战胜艾滋病的曙光。

6.彩票中奖概率

（1）"36选7""26选5"概率。

据有关专家介绍，某省目前发行的体彩"36选7"、××风采"36选7"、××风采"26选5"均属于数字组合型玩法，其中奖概率的计算方式也是相同的。其中，"36选7"玩法的头奖命中概率为1/8 347 680，"26选5"玩法的头奖命中概率为1/65 780。目前体彩"36选7"二次开奖的中奖概率仍为1/8 347 680，××风采"36选7"全省特别奖（中8个号码）的中奖概率为1/32 060 340，××风采"36选7"××福星奖（中9个号码）的中奖概率为1/94 143 280，××风采"26选5"幸运奖（中7个号码）的中奖概率为1/657 800。

（2）幸运七星及足彩中奖概率。

体彩"幸运七星"则属于数字型玩法，即从0000000~9999999共1 000万个号码中任选一个七位数号码组成，每个号码均从0~9共10个数字中开出，"幸运七星"头奖的理论中奖概率为1/10 000 000。

目前最受彩民欢迎的足彩实际上也是一种数字组合型玩法，不过其计算方法相对比较简单，13场比赛均选"3、1、0"可组合出3^{13}即1 594 323注单式号码，一等奖的中奖概率为1/1 594 323。换句话说，每销售320万元的足彩，平均就可能诞生一个一等奖。而如果将足彩竞猜的场次增加到14场，足彩的头奖中奖概率则降低为1/4 782 969，难度增加到原来的3倍。

7.吸烟危及生命概率50％，戒烟等于自救

1987年11月，世界卫生组织（WHO）在日本东京举行的第六届吸烟与健康国际会议上，建议把1988年4月7日，也就是世界卫生组织成立40周年纪念日，作为"世界无烟日"，提出"要吸烟还是要健康"的口号。1989年，世界卫生组织又把这一天改定在每年的5月31日。目前我国吸烟现状不容乐观：烟民人数不断增加，烟民平均年龄在降低，女烟民及青少年吸烟的数量在不断增加。

吸烟有害健康。但是，你知道吸烟危及生命的概率究竟达到了何种程度吗？

（1）吸烟为什么会上瘾？

烟民往往都有烟瘾，这主要是尼古丁长期作用的结果。尼古丁就像其他麻醉剂一样，刚开始吸食时并不适应，会引起胸闷、恶心、头晕等不适，但如果吸烟时间久了，血液中的尼古丁达到一定浓度，反复刺激大脑并使各器官产生对尼古丁的依赖性，此时烟瘾就缠身了。若停止吸烟，会暂时出现烦躁、失眠、厌食等所谓的"戒断症状"，加上很多吸烟者对烟草产生一种心理上的依赖，认为吸烟可以提神、解闷、消除疲劳等，

所以烟瘾越来越大，让人欲罢不能。

其实烟草与吸食海洛因引起的成瘾性不同，前者是完全可以戒掉的，关键要戒除心理上对烟草的依赖。这种心理依赖导致吸烟者的一种行为依赖，使得吸烟者感到戒烟困难甚大，无形中增加了戒烟的难度。

（2）"二手烟"是否危害他人健康？

一个人吸烟似乎"无关他人"，其实不然，其家人也会受到"二手烟"的危害。根据世界卫生组织的定义，"二手烟"是指不吸烟者一周中有一天以上每天吸入吸烟者呼出的烟雾长于15分钟。中国71%的家庭、32.5%的公共场所和25%的工作场所因有人"吞云吐雾"而成为"二手烟"场所。

目前我国有6亿人受到"二手烟"的危害。"二手烟"者所吸入的有害物质浓度并不比吸烟者低，"二手烟"对周围的人特别是儿童、孕妇和老年人造成很大的危害。

据估计，美国每年有400万儿童因吸入"二手烟"而患病。父母吸烟使儿童下呼吸道疾病如哮喘、肺炎的发生率增加50%，儿童易出现各种慢性呼吸道刺激症状，如咳嗽、咳痰、喘息等，甚至出现持续的肺功能损害。

"二手烟"易引起中耳积液，使儿童中耳炎的发生率增加。

"二手烟"可以使哮喘患儿的哮喘发作次数与严重程度明显增加，对有过敏体质的患儿更易诱发哮喘发作。

"二手烟"与婴儿突然猝死综合征（SIDS）的发生密切相关。

父母吸烟使儿童更易成为吸烟者。孕妇吸入"二手烟"易引起流产、早产、出生低体重儿以及婴儿先天性畸形，如唇裂、颚裂等。

老年人长期吸入"二手烟"易引起肺炎、急性心脑血管疾病的发生……

（3）戒烟为何戒不了？

有研究表明，吸烟者中有11.7%的人是复吸者，而且复吸者的肺部损伤程度比一直吸烟者更重，其原因有多方面：复吸者较其他吸烟者更易成瘾，复吸后其吸入香烟的数量更多，且每口烟的吸入程度更深，对身体的影响不言而喻。对于每一个吸烟者来说，在一些特定的"危险"情形下（当周围人吸烟、感到压力大、心情烦躁、饮酒后）会更有吸烟的冲动，请尽量避免这些情况的发生，当有吸烟冲动时，做几次缓慢的深呼吸或从事其他活动，转移注意力是个好方法。

（4）戒烟后生活会变化吗？

如果您选择戒烟，您将选择告别咳嗽气喘、烟灰异味、污浊空气、皮肤衰老、疾病困扰……让我们看看您戒烟后生活发生了哪些变化：8小时后血液的氧合作用恢复正常，患心肌梗塞的风险开始降低；24小时后口气清新，肺开始排泄黏液和焦油，患呼吸道感染、支气管炎和肺炎的风险开始降低；48小时后血液中不再检测出尼古丁；1周后味觉、嗅觉得以改善；3~9个月后呼吸得以改善（咳嗽、气喘减少），肺功能提高5%~10%；1年后患心脏病（如心肌梗塞）的风险减半；5年后患脑中风、口腔癌、食道癌、膀胱癌的风险减半；10年后患肺癌的风险减半，患脑血管突发事件（脑"中风"）的风险与未吸烟者持平……所以选择了戒烟，就选择了一个健康清新的生活。

"吸烟危及生命的概率是50%，戒烟等于自救。"这是法国国家戒烟委员会和烟草预防办公室在巴黎举行的第30届法国医学沙龙上对所有吸烟者发出的警示和呼吁。

8. 10%的酗酒概率

我们经常见到，当全家人围坐在节日餐桌旁时，父母让年幼的孩子喝上一点儿酒，这是否对孩子有害？专家们的看法是：90％的情况下不会有任何危害。但是，仍有10％的孩子，因为基因的特殊性而导致日后酗酒。谁来给这10％的孩子上保险，不致使他们进入这10％的行列？美国有位总统夫人曾描述了自己酗酒的情况。她回忆说，当她感冒时，她妈妈将一勺威士忌倒进了她的茶里，这足以使她成年后成为酗酒者。

9.我们是不是该相信小概率事件？

（1）什么是小概率事件？

小概率事件，字面意义就是发生的可能性极小的事件，如北京地区出现日全食、山西洪洞发生里氏5级地震、新疆吐鲁番地区下了一场暴雨、小行星撞地球等。以上这些是发生在自然界的小概率事件。发生在人类社会的小概率事件有上证指数突破2 000点、某特定国家通过允许同性恋的法律、某两个分裂的国家统一等。至于发生在日常生活中的小概率事件，也是不胜枚举，如某个人中了彩票头奖、某日某地有人跳楼自杀等。

小概率事件是要与不可能事件即无概率事件区别开的。所谓不可能事件，是指完全不可能发生、概率为零的事件。不可能事件可以分为以下三类。

第一类，如某人某时刻既在甲地又在乙地、世界上既有能刺穿一切盾的矛又有能抵挡一切矛的盾等。属于自相矛盾的事件，违反了逻辑，也就绝对不可能发生。这类不可能事件显然没有研究意义。

第二类，如唐山没有发生过大地震、秦始皇没有修筑过长城等。这是对于历史上确凿发生过的事件的否定，即对必然事件的否定，其概率自然为零。但是这种不可能事件在统计学上也没有研究意义，因为统计学更多的是关注在一定条件下可以重现的事件及一般性的事件，而不是永远无法重现的个别事件。

第三类，如永动机、常温常压下纯冰在0 ℃以下自发融化、地球接收到3秒前太阳发射的光线等。这违反了最基本的自然规律，也是对必然事件的否定，因此发生的概率也为零。永动机违反了热力学定律；常温常压下，纯冰在0 ℃以下融化违反了冰的特点，实质也是违反了热力学第二定律；地球接收到3秒钟前太阳照射的光线则违反了相对论"真空光速不变"的原理。这一类不可能事件的判定后文还要提及。

（2）基本的概率计算方法。

小概率事件彼此也可以相差很大。例如，同样是发生里氏5级以上地震，在日本和在山西洪洞的概率就明显不同。日本几乎每年会发生至少一次里氏5级以上地震，而山西洪洞发生里氏5级以上地震的概率大约是200~300年一遇（同一地震序列中的几次5级以上地震按一次计算）。又如，同样是干旱地区，吐鲁番和南美洲阿塔卡马沙漠的暴雨概率也大为不同。1958年8月14日，吐鲁番突降36.0毫米的暴雨，引发山洪泛滥。这种暴雨在有记录以来的阿塔卡马沙漠地区还从未出现。相反，阿塔卡马沙漠曾创造了1845—1936年间整整91年没有降水的纪录。

要对小概率事件发生的可能性有正确的认识，就必须估计出小概率事件的概率。概率计算的最基本方法，是先估计出与该事件互不相容（即永远不可能同时发生）的所有事件的数目，则该事件包括的所有情况的数目与所有这些互不相容事件的数目之比就是该事件的概率。最直观的例子是掷骰子。骰子共有六面，掷一次骰子得到某一点值就有六种可能，而且是互不相容的。因此，全部互不相容事件的数目是6。假如要算掷一次得到1点的概率，这个事件只有一种可能，所以其概率为$\frac{1}{6}$。假如要算掷一次得到点数为3的倍数的概率，因为这个事件包含两种情况（3点和6点），所以其概率为$\frac{2}{6}=\frac{1}{3}$。

这种基本方法有两个局限：第一，它所计算的事件如果要发生，只能发生一次；第二，它所计算的事件是瞬间决定的，而不是一个连续的过程。但是这两个局限并不难突破。对于多次发生的事件，可以应用独立事件的积的办法计算某一事件的概率。所谓独立事件，是指两件或两件以上事件彼此之间互不干扰，一件事发生与否对另一件事的概率没有影响。例如，两次彩票的头奖号码，由于抽奖过程是完全独立的，因此第二次彩票的头奖号码有可能与第一次相同，而不会有意避开。显然，在考虑几次事件联合发生的概率时，总的互不相容事件的数目是每一独立事件的互不相容事件数目的乘积。例如，掷两个骰子，第一个骰子有6种可能，第二个骰子也有6种可能，总的可能性就是6×6=36种。因此，总概率也就是每一独立事件发生的概率之积。例如，掷两个骰子出现两个6点，每个骰子出现6点的概率是$\frac{1}{6}$，总概率就是$\frac{1}{6}\times\frac{1}{6}=\frac{1}{36}$。

如果事件发生的次数很多，应用简单的四则计算就会感到计算量庞大而难以算出结果。而对于连续性发生的事件，也不能用硬性分割的办法把它简化为瞬间发生的多次独立事件。幸而高等数学已经解决了这个问题。极限概念的引进为解决复杂的概率计算提供了理论基础，微积分就是极限概念的应用。应用微积分来计算概率，也就成为统计学的基础。

（3）小概率事件的估计方法。

不同的小概率事件，有不同的各具特色的概率估计方法，概率值的表达形式也不相同，但都体现了上述基本的计算方法。例如，对地震、旱灾、洪水之类自然灾害的概率，常常用"××年一遇"这种表达形式。仍以洪洞地区地震为例，自有史料记载以来，1303年9月25日在城关镇、赵城镇发生了大地震，据史籍文献里的烈度推算，震级为里氏8级；1695年5月18日，在洪洞南部的临汾发生8级大地震，强烈波及洪洞地区。如果再算上一些震级较小的破坏性地震，洪洞地区5级以上破坏性地震的概率大约是两三百年一遇。

需要说明的是，这种通过史籍的记载来进行自然灾害的统计和概率估计的方法是具有中国特色的，因为只有中国保留下来了如此众多而完备的史籍。对于缺乏史籍的国家和地区，对自然灾害的统计和概率估计只能通过自然调查的方法。

又如对外星人来访的概率估计。首先是分析事件发生的原因。外星人来访有两个前提条件：一是生命能够存在，二是生命能够进化到智慧生命并且发展到宇航时代。影响这两个前提条件的必备因素是很多的：首先，必须要求恒星是稳定的主序星，温度不能过热，而且是单一存在的，不是双星或多星系统；其次，行星大小适中，有足够的水和大气，与恒星的距离适中，轨道偏心率不能太大；最后，有足够的时间供生命演变，即宇宙环境要稳定，在行星系统30光年内的所有恒星都必须保证在这一时间段内不发生灾变。如果对每一个原因都利用现有的天文观测资料进行慎重的估计，文明世界在银河系内发生的可能性只有不到10^{-6}。换句话说，银河系的4 000亿颗恒星里，可能存在宇航时代文明世界的恒星不到40万个，即文明世界的平均半径达70光年。这一计算方法首先由SETI工程的先驱者、美国天文学家弗兰克·德雷克提出，德雷克因此建立了一个计算概率的公式，称为德雷克公式。德雷克公式清晰地告诉我们，即使按最保守的估计，外星人来访的可能性也不会比猜中一个随机生成的六位数更大。

同样，对于社会和日常生活中的小概率事件的统计和概率估计也有自己独特的方法，但总不外乎原因分析、建模和调查这几种基本方法。统计学发展到今天，已经是一门严谨精密的科学，在自然科学和社会科学的研究中得到了越来越多的应用。例如，统计热力学就是统计学方法和物理学的完美结合。社会科学的研究更离不开统计学，因为社会发展的规律本身就是以统计性为其特征的。因此，掌握统计学的基本原理，是对从事各种研究的学者的最起码的要求。

（4）有意义和无意义的小概率事件。

以上对小概率事件及其概率估算方法做了简单的分析，分析结果是需要应用于实践的。对小概率事件估算出来的概率值，可以科学地决定我们的决策。这时就需要判定，哪些小概率事件是有意义的，哪些小概率事件是无意义的。因此，判断小概率事件是否有意义，就是判断它对于实践是否有影响，这体现了对小概率事件的意义判断的"实用性"。

首先，概率本身的大小是一个重要的判定依据。如果一个小概率事件的概率太小，如低于 10^{-5} 量级，那么在绝大多数情况下，它对于实践的影响可以忽略，也就是没有意义的。例如，月亮从天上掉下来，严格地说，这也是小概率事件，因为既然地球对月亮有吸引力，它从天上掉下来是理论成立的。那么这种事件发生的概率是多少呢？同样先要找原因。月球掉下来的最可能原因不外乎三种：一是有小行星撞过来，改变了它的运行轨道；二是外星人所为；三是地球人自己所为。前两种的概率都不到10^{-7}，而第三种，在最近几十年内，概率趋近于零。三种原因合起来考虑，这一事件发生的概率至多是2×10^{-7}，尽管不是零，却足以被认定是无意义的。因此，不会有任何一个国家准备足够的核弹头，以备万一月球下坠时发射，以改变其运行轨迹，使之飞离地球或回到原轨道之用。

其次，实践的精度也是一个重要的判定依据。如果做一件事不需要太多的考虑，也就是说，不需要太高的精度，那么凡是低于这个精度的不确定性都可以不在考虑之列，因此也就是无意义的。例比，如计算月球轨道，如果只是为了定农历的初一，那么至多考虑地球引力、太阳引力、岁差等几项就可以了；如果要精确计算，则大行星的摄动之类也必须考虑进去。20世纪初，英国天文学家 E. W. 布朗在精密的观测和天体力学理论的基础上建立了新的月球运动理论，并以毕生精力投入月球轨道计算中。他所考虑的影响月球轨道的因素就有几百项之多，这对于尖端的天文学应用（如后来的人造卫星发射和控制）当然是十分有意义的，但对于编制农历而言，考虑这么多的因素就无意义了。

再次，考虑小概率事件的发生时，需要注意到它的发生频率不均性。小概率事件的发生概率只能是在一定范围内平均而言，但分布可以是不均的。例如，常说我国是多地震国家，但地震在时间和空间上都分布不均。例如，不能要求地震很少的江西省盲目加大抗震基础设施建设，那样是对资金的浪费，自然是无意义的。国家颁布的《中国地震烈度区划图》就是根据不同地区不同的地震发生频率制订的，其有效地避免了抗震措施的盲目采取和资金的浪费。又如，1976年7月28日唐山地震后，围绕如何重建唐山展开了争论。如果按唐山地震的最大烈度XI度设防，则需要的建设资金过高，唐山难以重建。因此，在地震学者的详细勘察之后，认定50~100年内，唐山地区不会再发生5.0级以上地震。于是把唐山地区的烈度区划定为Ⅷ度区。这时，1976年的唐山地震最大烈度高达XI度，这一小概率事件对于50~100年这个时间区段内的城市抗震建设就是无意义的了。

划分小概率事件的有意义和无意义，可以科学地对各种可能影响实践的因素进行取舍，从而使决策具有最大的合理性，这也是运筹学的基本思想。

（5）小概率事件和不可能事件的分辨。

小概率事件是指概率小，它有时容易与不可能事件混淆。区分小概率事件和不可能事件不是一件简单的事情。确实要承认某些情况下的区别是一个历史范畴，也就是说，随着科学技术的进步，某些被判定是不可能的事件可能成为小概率事件，而某些被判定是小概率的事件可能成为不可能事件。但是，这种分辨标准的变化只是个别标准的变化，而不是全部标准的变化。科学技术的发展是对宇宙客观规律的不断深入认识，是一个趋近绝对真实的过程，这就好比岩石在海中沉积，不断会有新的岩层生成，而老的岩层并未消失，成为新岩层的基础和支撑。承认个别判定标准的变化，绝不是为了推而广之，认为整个科学体系的判定标准都有问题。

例如，惰性气体在发现之后的半个多世纪内，一直认为绝对不能与其他元素化合。但1962年，英国化学家巴特列率先合成了第一种惰性气体的化合物——六氟合铂酸氙，开创了惰性气体化学这一崭新的无机化学分支，也使人们不得不把惰性气体改称为"稀有气体"，以图名正言顺。但是，在常温常压的大部分情况下，稀有气体是无法与其他物质反应的，氦、氖、氩三种稀有气体至今没有化合物，说明稀有气体的化学反应只是小概率事件，这是不可能事件转变为小概率事件的一例。又如，1898年，英国物理学家开尔文曾忧心忡忡地认为，随着工业文明的不断发展和人类数目的不断增多，地球上的氧气在500年之内就会耗光，人类就会灭亡。事实上，早在1772年，英国化学家普利斯特里就发现了光合作用，以后的科学家陆续发现，光合作用消耗二氧化碳，制造氧气，恰恰与呼吸作用相反。生态学的发展使人们确立了碳循环、氧循环的概念，知道在尊重自然规律的前提下，人类的活动不会造成地球上的碳循环和氧循环失衡，生态环境会一直保持下去，因此凯尔文的担心只是杞人忧天，这又是一个小概率事件转变为不可能事件的例子。

但是需要指出的是，这种小概率事件与不可能事件的区别仅仅是哲学层面上的意义。在实践层面上，一旦认定某种小概率事件是"无意义"的，那么它与不可能事件也就没有任何区别。这就像是用计算器计算，如果不停地用2除1，再一直不断地除以2之后，最后肯定会得到一个零。尽管从理论上讲，"一尺之棰，日取其半，万世不竭"，但计算器把若干次操作之后的结果与真正的零等同起来，也就说明小概率事件和不可能事件的哲学层次区别，不能简单地套用在实践中。

（6）小概率事件的另一个层面性。

前面讲到了小概率事件有意义和无意义的一个层面性，即哲学层面与实践层面的区别。小概率事件的另一个层面性是个体层面与一般层面的区别。事实上这也只不过是事物的种种矛盾中的一般矛盾与特殊矛盾的区别，但因为在讨论中的重要性，所以姑且把它提升到"层面"的高度来讨论。

举一个通俗的例子：有一名学生看到电视上保护朱鹮的新闻报道，忽然意识到自己也是世界上独一无二的，于是要求家长"保护"自己，以逃避繁杂的功课，享受童年的快乐，结果适得其反。这里面就存在个体层面与一般层面的区别。每一个人作为人类，只是一个个体，而人类则是一个一般层面上的概念。个体的"灭绝"和一般的人类的灭绝显然是不同的。

同理，小概率事件作为偶然性的一种体现，只能起到补充和完善必然性的作用。如果承认历史唯物主义是正确的，人类社会的发展是客观的，那么社会规律必然是客观的。而作用在整体社会上的小概率事件，如果是起源于社会内部，而不是外部世界强加的不可抗力，就不会扭转人类社会本身发展的大势。但是在个体层面，这种小概率事件却可以扭转个人以至局部社会的命运。

有时社会领域里的小概率事件确实给人一种"身不由己"的感觉。但是这种"身不由己"感只在个人层面上有意义，从整个社会的发展来看，它只不过是滚滚洪流中一瞬间的浪花。在承认历史唯物主义的前提下，过分渲染这种"身不由己"感，如果不是文学式的感喟，就是历史相对主义对人的意识的夸大。而抹杀这种"身不由己"感，又落入了机械历史唯物主义的窠臼。

所以，能够辩证地看待小概率事件，也是认识自然世界和人类社会，并更好地应用统计学和运筹学来解决问题的一个前提。

（7）是不是该相信小概率事件？

经过上述的分析，下面来回答本节题目中的这个问题：所谓"相信"某事，最简单的解释是认为某事是真的，不怀疑。如果不去考虑现代心理学对相信这一意识行为发起的原因的探析，而仅分析它的表现形式的话，那么"相信"至少有两个层次：其一，仅仅停留在哲学层面上的相信，而不用它指导实践；其二，既是哲学层面上的相信，也是实践层面上的相信，即用这一所相信的理念来指导实践。

显然，第一种相信对于指导实践是没有意义的，它所满足的，仅是一种内心的需求，一种纯思辨的愉悦；第二种相信则不仅仅达到这一点，而是将所相信的事物，用作自己行动的指南，并将这种指导实践的作用，作为发挥"相信"的能动性的重点。

对于自然科学研究来说，因为实践是其重点，一切自然科学研究的理论都要符合实践，所以从科学实践的角度来讲，第二种相信才是真正的相信，第一种相信对此而言只能是"伪相信"。例如，有一些科学家信教，但是在科学研究里，他们并不把那些独属于宗教的教义拿来实施，宗教只是他们科学实践以外的感性生活中的重要成分。因此，对于他们做科学研究这件事来说，宗教的信仰只能是一种伪相信。不过需要特别强调一点，本节中所有"伪相信"中的"伪"，对应英文的 pseudo-，只是一个中性的前缀，不具贬义，因此不能说伪相信就是不合理的。

同理，上文已经论述，无意义的小概率事件对于实践不具指导作用。相信这种小概率事件只能起到对意识本身的能动作用，而对于实践，只能是一种伪相信。

反过来，在人文艺术领域，因为不涉及以物质为客体的实践，所以上述伪相信与真相信的区别也就没有必要。尽管在科学实践的立场上，人文艺术领域的相信都是"伪相信"，但这样讲显然是对人文艺术不公平的——因为人文艺术并不要求能指导实践。因此，另换一种说法，称其为"人文式相信"更合适一些。可以说，人文艺术所孜孜追求的也就是人文式相信。但是把这种人文式相信上升到科学实践角度的真相信的层次，即人文艺术指导科学实践，就是一种错误的做法了。

10. 趣味，生活中的概率问题

一次与几个朋友打牌，突然说到每个人拿到某几张牌的概率是多少，稍微整理了一下，觉得挺有意思的。

题目：2副牌（108张），6个人，拿到2张一样的3的概率是多少（同一花色）？

分析一：首先考虑两副牌全部拿完的情景（即平均分配）。

解释一：从人的角度来考虑，因为对所有的牌进行平均分配，所以每个人拿到任何牌的概率是均等的，那么拿到其中特定的一张方块3的概率是$\frac{1}{6}$，拿到同样花色的另一张3的概率也是$\frac{1}{6}$，所以同时拿到两张方块3的概率是$\frac{1}{36}$，而总共有4种花色，那么拿到其中任一种花色的两张3的概率就是$\frac{1}{36} \times 4 = \frac{1}{9}$。

解释二：从牌的角度来考虑，两副牌全部拿完，每个人拿到18张牌，那么任意一张牌是特定的一张方块3的概率是$\frac{1}{108}$，而每个人要拿18张牌，也就是有18次机会，那么每个人拿到一张方块3的概率是$\frac{1}{108} \times 18 = \frac{1}{6}$。同样，拿到另一张3的概率也是$\frac{1}{6}$。

结论：在平均分配时，无论拿到多少张牌，拿到某一张的概率是相等的，而与牌的总数无关。

分析二：考虑实际情况，也就是庄家拿到最后6张牌的情景。

解释：因为每个人的概率不同，所以不能单纯从人的角度来考虑，所有人拿牌17张，而庄家拿到108张中的17+6=23张，同上面解释二的方法，非庄家拿到那张特定的方块3的概率是$\frac{1}{108} \times 17 = \frac{17}{108}$，而同时拿到另一张方块3的概率是$\frac{17}{108} \times \frac{17}{108} = \frac{289}{11\ 664}$，同时拿到两张一样的3的概率是$\frac{17}{108} \times \frac{17}{108} \times 4 = \frac{529}{2\ 916}$约等于0.099，而庄家拿到两张一样的3的概率是$\frac{23}{108} \times \frac{23}{108} \times 4 = \frac{529}{2\ 916}$约等于0.181。

结论：在非平均分配的情况要从牌的角度来分析。

引申：6个人打牌，在不考虑庄家的情况下，其中一个人拿不到8张3中任何一张的概率是$\frac{5}{6}$的8次方（也就是说8张3都在其他5人手里）等于$\frac{390\ 625}{1\ 679\ 616}$，约等于0.233，而同时拿到8张3的概率是$\frac{1}{6}$的8次方等于$\frac{1}{1\ 679\ 616}$，约等于0.000 000 595。

如果把生活中另一些事情用概率来推算一下，如我们遇见多少人才能找到自己朋友，而碰到那个最后能陪着自己走完一生的那个人呢？

假设：每天上学、上班、购物或是旅行途中碰到的，哪怕只是在眼前一闪而过的陌生人，按一生平均每天200人来算，平均一年有可能成为朋友概率的人数是73 000人。

如果从一般意义上讲的朋友，哪怕只是一面之交，按每年遇到50人算，那么每一个朋友都是在遇到1 459人之后的那个人。

能成为某种意义上的好朋友的：按每年10人算，那么需要遇到7 299个人，才能得到这样一位好朋友。

能成为一生的爱人的概率呢？假设有缘的那个人是从18岁到28岁这10年间遇到的人当中的一个，那么10年间有幸遇到的人约有730 000人，异性占其中的一半，即365 000人，其中自己喜欢的或是有好感的也许有10个人，喜欢自己的也算上10个人，那么他（她）将是我们碰到过18 750人之后才有的一个。或许可以最后从这20个人中求一个交集，找到那个既爱自己，而自己又爱的人。可是为了能等到这个世界上唯一的人，擦肩而过的，已经有365 000人之多。

再看几个生活中的概率问题。

问题1：某同学投篮的命中率为90%，则该同学在今天投篮比赛时，投球10次，一定能进9次。

错因及正解：这种判断是错误的。该同学投篮的命中率可以认为是投中的概率，是他经过上百上千次甚至上万次的练习得出的，是个稳定值，命中率为90%，说明他的投篮技术高，但不能代表他每次投篮都十拿九稳。10次投篮相当于做了10次试验，结果可能是4次命中或8次命中或10次都命中等多种情况，甚至包括一次也没中。

问题2：某超市国庆节期间，举办了一次大型购物有奖活动（购物满2元即赠奖券一张，可摸奖一次），中大奖概率为 $\frac{1}{10\,000}$，那么若某人买20 000元的商品，一定能中大奖。

错因及正解：根据概率的定义，该人不一定能中大奖。买20 000元的商品相当于做10 000次试验，每次试验都是随机的，所以10 000次的结果也是随机的，这就是说，每张奖券都可能中奖，也可能不中奖。

问题3：有6名短跑运动员用抽签的方法决定谁在第几跑道，若让甲先抽，乙后抽，那么甲抽到第二跑道的可能性肯定比乙抽到第二跑道的可能性大。

错因及正解：抽签有先后，但每人抽到第二跑道的概率却相同，原因如下。

甲先抽，抽到第二跑道的概率为 $\frac{1}{6}$。

乙接着抽，抽到第二跑道的概率为 $\frac{5}{6} \times \frac{1}{5} = \frac{1}{6}$。

以此类推，丙抽到第二跑道的概率是 $\frac{5}{6} \times \frac{4}{5} \times \frac{1}{4} = \frac{1}{6}$。

排在最后抽的运动员抽到第二跑道的概率为 $\dfrac{5}{6} \times \dfrac{4}{5} \times \dfrac{3}{4} \times \dfrac{2}{3} \times$ $\dfrac{1}{2} = \dfrac{1}{6}$。

可见，抽签有先后，但结果出现的机会却是均等的。

生活中的勾股定理

数学源于实际，数学的发展主要依赖于生产实践，从数学应用的角度来处理数学、阐释数学、呈现数学，使学生了解到数学是有用的，数学就在我们身边。利用勾股定理可以解决实际生活中的许多问题。下面举例分析如下。

1.地基挖得合格吗？

【例32】图24所示是一农民建房时挖地基的平面图，按照标准应为长方形，他在挖完后测量了一下，发现 $AB=DC=8\mathrm{m}$，$AD=BC=6\mathrm{m}$，$AC=9\mathrm{m}$，请你帮他看一下挖得是否合格。

分析：本题是数学问题在生活中的实际应用，所以要把

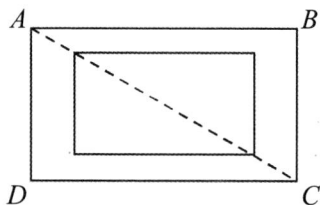

图24 农民建房时挖地基的平面图

实际问题转化为数学问题来解决，运用直角三角形的判别条件来验证它是否为直角三角形。

因为 $AD^2+DC^2=6^2+8^2=100$ ， $AC^2=9^2=81$ ，所以 $AD^2+DC^2 \neq AC^2$ ，$\triangle ADC$不是直角三角形，$\angle ADC \neq 90°$ ，而标准为长方形，四个角应为直角，该农民挖得不合格。

评注：勾股定理的逆定理在解决实际问题中有着广泛的应用，可以用来判定直角。家里建房时，常需要在现场画出直角，在没有测量角的仪器的情况下，工人常利用勾股定理的逆定理来得到直角的。

2.木棒能放进木箱吗？

【例33】有一根70 cm长的木棒，要放在长 40 cm的木箱中（图25），能放进去吗？

分析：由于木棒长为 70 cm，远大于各面的边长，而且比每个面的对角线还要长，因此按各面的

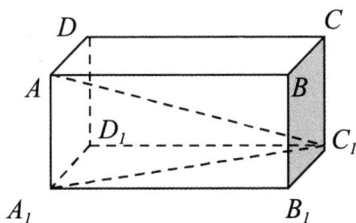

图25 木箱

大小都放不进去，但要注意木箱的形状是立体图形，可以利用空间的最大长度。

解：能放进去。如图25所示，连接A_1C_1和AC_1。

在Rt$\triangle A_1B_1C_1$中，$A_1C_1^2=A_1B_1^2+B_1C_1^2=50^2+30^2=3\ 400$。

在Rt$\triangle AA_1C_1$中，$AC_1^2=AA_1^2+A_1C_1^2=40^2+3\ 400=5\ 000$。

因为$5\ 000 > 70^2$，所以$AC_1 > 70$。

因此，70cm长的木棒能放进这只木箱中。

评注：解决此题的关键在于明确所求，即为木箱所能容纳的最大长度，这里充分利用了木箱各邻边的垂直关系，创造了连续运用勾股定理的条件，同时还能培养学生的空间想象能力。

3.“荡秋千”问题

勾股定理是反映自然界基本规律的一条重要结论，它有着悠久的历史，在数学发展中起着重要的作用，在现实中有着广泛的应用。勾股定理的发现、验证及应用的过程蕴涵了丰富的文化价值，然而有许多古代诗篇也与它有着联系，至今仍流传着许多佳话，下面略举几例。

我国明代数学家程大位（1533-1606）写过一本数学著作——《直指算法统宗》，其中有一道与“荡秋千”有关的数学问题是用《西江月》词牌写的：

平地秋千未起，踏板一尺离地；

送行二步与人齐，五尺人高曾记；

仕女佳人争蹴，终朝笑语欢嬉；

良工高士素好奇，算出索长有几？

词写得很优美，翻译成现代汉语大意是：有一架秋千，当它静止时，踏板离地1尺（1尺=33.33厘米），将它往前推送10尺（每5尺为一步），秋千的踏板就和人一样高，这个人的身高是5尺，如果这时秋千的绳索拉得很直，试问它有多长？

下面用勾股定理给出答案。

如图26所示，设绳索$AC=AD=$ x，则$AB=（x+1）-5$，$BD=10$，在$Rt\triangle ABD$中，由勾股定理得 $AB^2+BD^2=AD^2$，即$（x-4）^2+10^2=x^2$，解得$x=14.5$，即绳索长为14.5尺。

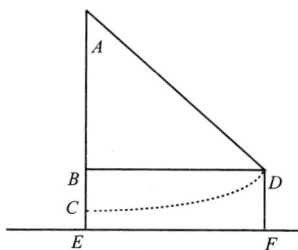

图26 荡秋千示意图

4."执竿入城"问题

鲁迅先生在《古小说钩沉》辑本中有一则《执竿入城》的寓言：

"鲁有执长竿入城门者，初竖执之，不可入；横执之，亦不可入，计无所出，俄有老父至，曰：'吾非圣人，但见事多矣！何不以锯中截而入？'遂依而截之。"我国当代数学家许淳舫教授将这则寓言编成了一道趣味数学题，收入《古算趣味》中：

笨人持竿要进屋，无奈门框拦住竹；

横多四尺竖多二，没法急得放声哭；

有个自作聪明者，教他斜竹对两角；

笨伯依言试一试，不多不少刚抵足；

借问竿长多少数，谁人算的我佩服。

下面用勾股定理的知识来解答。如图27所示，设竿长 $AC=x$，则$AD=(x-2)$，$DC=(x-4)$。在Rt△ADC中，由勾股定理得$AD^2+DC^2=AC^2$，即$(x-2)^2+(x-4)^2=x^2$，解得$x=10$（$x=2$舍去），故竿为10尺。

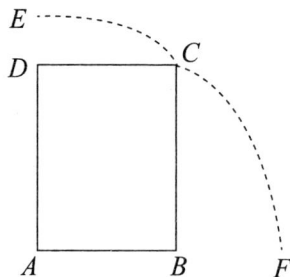

图27 执竿入城示意图

总之，古诗与数学是人类文明的两大瑰宝。学古诗有益于性情的熏陶；学数学有益于训练思维；学好古诗与数学可以从中获得艺术与美的享受。

数学建模在生活中的应用

数学建模主要就是根据实际问题建立数学模型，并且对数学模型进行求解和计算，然后根据所求的运算结果去解决生活中的实际问题。数学模型的实质就是一种动态的模拟，不是固定的思维方式，是运用数学的符号、公式、语言、图形等对问题的本质属性进行抽象并加以概括和刻画，从而可以解释生活当中一些客观的现象以及发展的规律。数学建模需要人们灵活运用数学的相关知识，以及对生活中的现实问题进行细致的观察和分析，从问题中进行抽象，提炼出数学模型。

1.建立数学模型的过程

先要进行模型的准备，第一步要了解问题的实际背景背后的实际含义，并且收集各种有关问题的信息，用数学的思维方法来分析和理解问题，用数学的语言来描述问题；第二步就是对模型进行假设，在模型准备过后需要对问题进行简化，考虑各种可能发生的情况以及突发事件，用精准的语言来表达这些问题；第三步就是模型的建立，在假设的基础上，利用数学工具来刻画常量与变量之间的数学关系，进而建立数学模型；第四步就是模型的求解，对所建立的数学模型通过一系列的手段来计算出结果；第五步就是对模型进行分析，已经得到了计算的结果，就要对所建立数学模型的思路进行阐述并加以说明，对结果进行分析；第六步就是模型检验，将模型分析所得的结果与实际情况相比较，来检验所建立的数学模型是否具有准确性、合理性、适用性。如果所建立的模型与实际问题的情况比较吻合，就需要对计算的结果给出其含义，并进行解释；如果所建立的模型与实际问题吻合程度差得很多，就需要进行修改，重新建立模型，再经过计算和检验。

2.数学模型在生活中的应用

数学建模在生活中的应用就是将数学建模的思想方法从书

本中的固定知识和科研的领域当中逐渐转向商业化的领域，解决生活中出现的实际问题。数学建模的应用遍及生活中的各个角落，如投资组合、最优解问题、指派问题、车辆调度、人口预报、分期付款等。因此，数学建模在人们的生产生活中具有重大的意义，下面列举一些生活当中应用建模的实例。

在生活中，会面临银行还贷款的问题，知道银行还贷款的年利率为5.58%，如果今年急需用钱，需要向银行贷款15万元，并且20年还清。在这20年中，每个月需要还贷款的金额是不变的，则每个月应该还给银行多少钱？如果现在已经还了14个月，在此时银行降低年利率为5.31%，此后还的贷款按照新的年利率算，则以后每个月需要还多少钱？对于这道实际问题，设x为每个月需要还的贷款金额，r为月利率，a_i为第i个月欠银行的钱数，n为需要还款的月数，所以就有如下公式：

$$a_1 = a_0 (1+r) - x$$

$$a_2 = a_1 (1+r) - x = [a_0 (1+r) - x] (1+r) - x = a_0 (1+r)^2 - x[1+(1+r)]$$

$$a_n = a_0 (1+r)^n - x[(1+r)^n - 1]/[(1+r) - 1]$$

这里，a_0 为最初的还给银行贷款的钱数，a_n 为最后一个月需要还欠银行的钱数。对于第二个问题来说，假设还给银行贷款 k 个月以后，年利率降低了，此时第 k 个月之后应该还给银行的总钱数就为 $a_k = a_0 (1+r)^k - x [(1+r)^k - 1] / [(1+r) - 1]$，将此总钱数作为原始的贷款的总钱数，则需要还给银行的贷款时间为 $n-k$ 个月。

每个学生都要经历考试，所以教师制订合理的出题方案就显得尤为重要。编写一张试卷需要考虑诸多因素，根据基础性、重要性、启发性、难易程度、应用性这几类所占的比例来编写一张试卷。如果现在有一本书，在这本书当中有 N 章，每一章又有不同的节，每一个节又有不同的考点，那么如何根据这本书编写一张试卷呢？可以用数学建模中的层次分析法来解决问题：首先，可以从章出发，建立层次结构图，将基础性这类因素设为准则层，将每一章设为方案层；其次，根据随机一致性指标，制造出基础性这类因素对章的影响程度，设为矩阵 A，根据公式 $CI = \dfrac{\lambda - n}{n - 1}$ 和 $CR = \dfrac{CI}{RI}$ 来进行编程；最后，会得到 $CR = 0$，也就是一致性比率为 0，得到一致性检验合格。

很多人都愿意去商场里购物，在购物满意度问题中，人们常常会遇到如何利用一定量的钱来购买两种商品的问题，由于所带的钱数是一定的，但是更偏爱其中一种商品时，去买当中一种商品就会比较多，因此必然就要少买另一种商品，但是这种情况人们的满意度就不会很高。那么如何花费一定量的钱，才能使顾客达到最满意的效果呢？在这一问题中，就要用效用函数来解决，也就是在数学模型中出现最优解的问题。当人们同时购买两种产品，要使满意度达到最大，也就是所列的函数值最大，进而才能使购物分配方案达到最佳。

生活中经常遇到的问题，就是凳子能在不平的平面上平稳吗？对于这类题，首先，要用数学的符号语言把凳子的位置和4条腿着地的关系表示出来，设凳子的4个角分别为A、B、C、D，利用正方形（椅腿连线）的对称性用 x 表示凳子的位置，其中A、C两腿与地面的距离之和设为 $f(x)$，B、D两腿与地面的距离之和设为 $g(x)$，知道地面是连续曲面，所以两个函数 $f(x)$、$g(x)$ 是连续的；其次，椅子在任意位置至少三条腿着地，所以对任意的 x，$f(x)$、$g(x)$ 至少有一个为0，所以 $f(x)$、$g(x)$ 是连续函数，对于任意的 x，$f(x) \cdot g(x)=0$，$g(0)=0$，$f(0)>0$。根据这两个函数，进而来求解。

很多人都有过赶高铁的经历，现在有12名乘客想要去40千米处的一个高铁站乘坐高铁，但是距离高铁发车的时间就只有3小时了，要是步行去的话，他们的速度是4千米/小时，所以靠步行时间不够，唯一剩下的交通工具就只有一辆出租车，但是这辆出租车包括司机在内最多只能坐下5个人，出租车行驶的速度是60千米/小时，那这12名乘客能赶上火车吗？对于这类问题，面对不同的搭乘方法会有不同的答案。通常情况会有两种：第一种就是不能赶上，第二种就是能赶上，针对第一种情况，用出租车接送乘客需要3次，加上出租车需要往返，那么一共就是3+2=5次，出租车行驶的总路程为 $5 \times 40=200$（千米），时间为 $200 \div 60 =3.3$（小时），所以全靠出租车是无法全部赶上的。针对第二种情况，出租车接送第一波乘客的时候，让其他的乘客先步行，这样可以节省一些时间，设第一趟出租车共用了 x 小时，这时出租车和其他的乘客的总路程为一个来回，所以 $4x+60x =40 \times 2$，解得 $x=1.25$（小时），剩下的人与高铁站的距离为 $40-1.25 \times 4=35$（千米）。以此类推，第二趟大约需要1.09小时，剩下的乘客与高铁站的距离大约为30.63千米，第三趟大约需要0.51小时，因此一共用的时间为1.25+1.09+0.51=2.85（小时），所以这些乘客是能赶上列车的。

通过以上几个例子，可以初步地了解模型的构建。利用数学建模去解决生活当中各种问题时，建立模型是十分关键的一步。建立模型的过程简单来说就是将各种复杂的实际问题进行简化、抽象，概括为合理的解释，对于一些较为复杂的问题，更是需要通过调查，收集资料来抓住一些问题的关键，然后利用数学的理论和方法去分析和解决问题。要知道，数学建模是一种思维方式，不是一个固定的解题方法，所以在面对问题时，要灵活地处理问题，在建立模型前要做好准备，要知道解决的是什么问题，并且也要把假设的情况想清楚，把不必要的因素或者突发事件考虑周全，为接下来建模做好准备。数学建模的建立需要人们对现实问题进行深入和细致的研究，并且仔细观察和分析，认真思考问题的关键，并且巧妙灵活地运用所学过的数学知识去解决问题。无论是用数学的思维方法在生产领域解决问题，还是与其他学科相结合来解决问题，首要的是建立模型，并且运用所学的知识加以计算和求解，其中计算机技术在生活中的应用可谓是锦上添花。

在生活中运用数学建模来解决实际问题，可以提高学生的思维水平和解决问题的能力，改变学生学习数学的态度，培养学生学习数学的兴趣，进而更能将书本上的知识转化为实用的技能。因此，数学建模在生活中的应用无时无刻不出现在人们身边，其在生活中具有重要作用。

握手问题（单项问题）

握手是一种礼仪。一般来说，握手表示友好，是一种交流方式，可以沟通原本隔阂的情感，可以加深双方的理解和信任，可以表示一方对另一方的尊敬、景仰、祝贺、鼓励，也能传达出一些人的淡漠、敷衍、逢迎、虚假、傲慢。团体领袖、国家元首之间的握手则往往象征着合作、和解、和平。握手的次数也许数也数不清，印象深刻的可能有第一次见面的激动，离别之际的不舍，久别重逢的欣喜，误会消除、恩怨化解的释然等。

握手也是数学中经常遇到的问题。例如，春节到了，有6位好朋友到一起聚会，每两人握一次手，那么他们一共握了几次手？

首先，可以用画图数线段的方式，如图28所示。

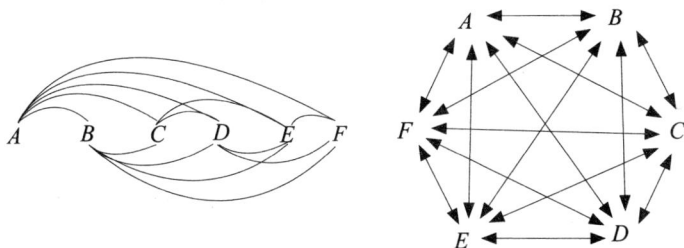

图 28 画图数线段

他们一共握了5+4+3+2+1=15（次），分别是 *AB*、*AC*、*AD*、*AE*、*AF*、*BC*、*BD*、*BE*、*BF*、*CD*、*CE*、*CF*、*DE*、*DF*、*EF* 一共15次。当然还可以想它们是组合问题：考虑握手必须要有两个人，选第一人有6种方法，选第二人有5种方法，根据乘法原理（做一件事需要几步，每一步又有几种方法，那么完成这件事就符合乘法原理），一共有6×5=30（种），因为A与B握手和B与A握手是一样的，这样就重复了一半，所以再用30÷2=15（种）。

1.数线段

大家先看看如何数线段吧。直线上有5个点，分别是点A、点B、点C、点D、点E，这条直线上共有几条线段？

第一种方法：可以画图，有4+3+2+1=10（条）。

第二种方法：可以想线段有两个端点，选第一个端点有5种方法，选第二个端点有4种方法，一共有5×4=20（种）。因为线段AB与线段BA是一条线段，线段AC与线段CA也是一条线段，这样就重复了一半，所以再用20÷2=10（种）。数线段和握手问题是同一个类型的题。

2.数角

如图29所示，图中一共有多少个角（不包含比钝角大的角）？

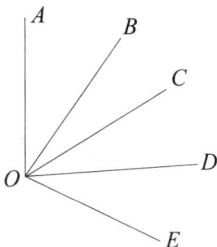

图29 数角

第一种方法：一个角一个角地数，有4个，分别是∠AOB、∠BOC、∠COD、∠DOE；两个角两个角地数，有3个，分别是∠AOC、∠BOD、∠COE；三个角三个角地数，有2个，分别是∠AOD、∠BOE；四个角四个角地数，有1个，∠AOE。所以一共有4+3+2+1=10（个）。

第二种方法：一个角有两条边，选第一条边有5种方法，选第二条边有4种方法，所以一共有5×4÷2=10（个）。

其实，数角和握手问题是同一个类型的题。

3.数矩形

如图30所示，图中有多少个矩形？

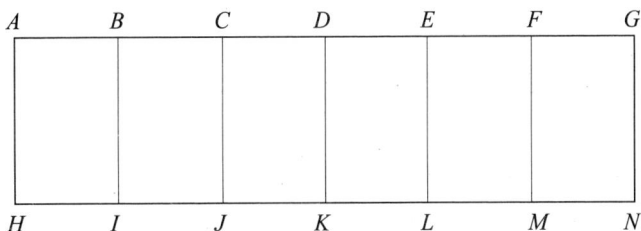

图30 数矩形

你会数吗？对，还是握手问题。

第一种方法：一个矩形一个矩形地数有6个，两个矩形两个矩形地数有5个，三个矩形三个矩形地数有4个，四个矩形四个矩形地数有3个……一共有6+5+4+3+2+1=21（个）矩形。

第二种方法：可以像数线段那样来算，把AH、BI、CJ、DK、EL、FM、GN看成一组，一个矩形只要有两组就可以了。选第一组一共有7种方法，选第二组一共有6种方法，一共可以组成7×6÷2=21（个）矩形。

从握手问题开始，学到数线段、数角、数矩形，以后还可以数平行四边形……

再增加一点儿难度，你们还会做吗？好，请看图31一共有多少个矩形？

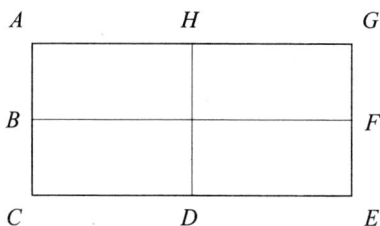

图31 增加难度的数矩形

怎么做这一题呢？这与刚才做的那一题有什么不同呢？对，多了一层，那就分层计算吧。先看BF上面的部分，一共有3个矩形，同样BF下面部分也有3个矩形。不看BF，还有3

个大的矩形。一共是（2+1）×（2+1）=9（个）矩形。

总结一下吧！只要算一下在矩形的长上有多少条线段，矩形宽上有多少条线段，矩形的个数就是矩形长与宽上的线段数的乘积，看明白了吗？

再来一题试试吧！图32中一共有多少个矩形？

图32 数矩形个数

先算出矩形长上有多少条线段，7×6÷2=21（条）；再算出矩形宽上有多少条线段，5×4÷2=10（条）。所以这个图形里共有21×10=210（个）矩形，或者（6+5+4+3+2+1）×（4+3+2+1）=210（个）矩形。

怎么样？还想再挑战一下自己的极限吗？好的，再来最后一个类型吧！看图33和图34中是3×3和4×4的正方形，两个图中分别有多少个正方形？

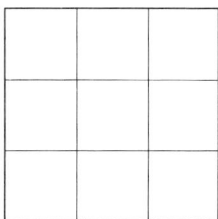

图33 3×3正方形

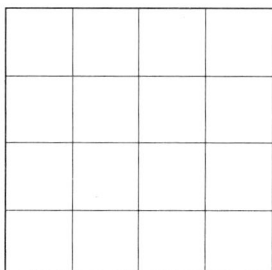

图34 4×4正方形

如何把这一题做出来呢？先研究图32。还用微观思想去思考：先数1×1的正方形有3行3列，所以有3×3=9（个），2×2的正方形有2行2列，所以有2×2=4（个），3×3的正方形有一行一列，所以有1×1=1（个），一共有3×3+2×2+1×1=9+4+1=14（个）正方形。

好了，再研究研究这个类型的做题方法是什么，能自己总结一下吗？对，就是这样：是x乘x的正方形的正方形个数=$x \times x + (x-1)(x-1) + (x-2)(x-2) + \cdots + 1 \times 1$。

你学会了吗？快来算一下图33吧！因为是4×4的正方形，所以直接利用公式4×4+3×3+2×2+1×1=16+9+4+1=30（个）正方形。从握手问题开始，联系到数线段、数角、数长方形、平行四边形，这些与握手问题一样。最后再给大家讲一下初中数学中经常遇到的几个问题，大家可以尝试熟悉一下。

【例34】n个人见面，任意两个人都要握一次手，问总共握多少次手？

分析：一个人握手（$n-1$）次，n个人握手n（$n-1$）次，但甲与乙握手同乙与甲握手应算作一次，故总共握手$\frac{n(n-1)}{2}$次。

下面给出类似的问题供大家思考。

（1）参加一次联欢会的每两人都握了一次手，所有人共握手10次，有多少人参加聚会？

解：设有x个人参加聚会，每个人要握手（$x-1$）次，但每人都重复了一次。

根据题意得$\frac{x(x-1)}{2}=10$，解得$x=5$或$x=-4$（不合题意，舍去）。

答：有5人参加聚会。

（2）线段AB上有n个点（含端点），则线段AB上共有多少条线段？

分析：一个点与其他的点可以组成（$n-1$）条线段，n点可以与其他点组成n（$n-1$）条线段，但A与B组成的线段与B与A组成的线段应算为一次，故一共有$\frac{n(n-1)}{2}$条线段。

（3）要组织一次篮球联赛，赛制为单循环形式（每两队之间都比赛一场），计划安排15场比赛，应邀请多少个球队参加比赛？

分析：设有 n 支球队，一支球队与其他球队比赛，要进行（$n-1$）场，那么 n 支球队要进行 $n(n-1)$ 场，但A队与B队比赛和B队与A队的比赛算为一场，故 $\frac{n(n-1)}{2}=15$（场）。

（4）参加一次商品交易会的每两家公司之间都签订了一份合同，所有公司签订了45份合同，共有多少家公司参加商品交易会？

分析：设有 n 家公司参加交易会，则有 $\frac{n(n-1)}{2}=45$（家）。

（5）参加一次足球联赛的每两队之间都进行两次比赛，共要比赛90场，共有多少支队参加比赛？

分析：与（3）一样，设有 n 个队参加比赛，这题要求两队之间都要进行两次比赛，所以总场数为 $2 \times \frac{n(n-1)}{2}=90$（场）。

（6）一个 n 边形，共有多少条对角线？n 边形的所有对角线与它的各边共形成多少个三角形？

分析：从 n 边形的一个顶点出发有（$n-3$）条对角线，n 个顶点共有 $n(n-3)$ 条对角线，但有重复的情况，故有 $\frac{n(n-3)}{2}$ 条对角线；n 边形的所有对角线与它的各边共有 $\frac{n(n-3)}{2}+n=\frac{n(n-1)}{2}$

条线段，任意一条线段与另外（$n-2$）个顶点形成（$n-2$）个

三角形，$\frac{n(n-1)}{2}$条线段形成$\frac{n(n-1)(n-2)}{2}$个三角形，但对于一个

$\triangle ABC$来说，重复算了三次，故共形成$\frac{n(n-1)(n-2)}{6}$个三角形。

赠卡问题（双项问题）

有了上面的握手问题，接下来的赠卡问题就迎刃而解了。

握手是单项问题，而赠卡是双项问题。接下来看几个例题。

（1）某班同学毕业时都将自己的照片向全班其他同学各

送一张表示留念，全班共送了1 035张照片，那么全班有多少位

学生？

分析：设有n个同学，送照片的时候，你送我一张，我也

要送你一张，是双项问题。一个人送（$n-1$）张，n个人即全班

同学送n（$n-1$）张，n（$n-1$）=1 035（张）。

（2）元旦联欢晚会，某班同学打算每位同学向本班的其

他同学赠送自己制作的小礼物1件，全班制作的小礼物共有462

件，求该班共有多少学生？

分析：设有n个同学，则$n（n-1）=462（件）$。

（3）某中学足球联赛，实行主客场赛制（即每队都作为主场与他队比赛一次），共要进行132场比赛，问有几支参赛队？若改为单循环赛（即每队只与他队比赛一次），进行66场比赛，则有几支参赛队？

分析：第一问是双项问题，就是A队邀请与B队比赛一场，B队也要邀请与A队比赛一场，其中一个队要参加（$n-1$）场，有n个队，所以总共要进行$n（n-1）=132（场）$。

除上述问题外，以下问题也与生活息息相关，供大家思考。

（1）烙饼问题。妈妈烙一张饼用2分钟，烙正、反面各只用1分钟，锅里最多同时放2张饼，那么烙3张饼最少用几分钟？

（2）袜子问题。抽屉里有5双不同颜色的袜子，没开灯，要拿出一双同色的袜子，从中最多需要摸出多少只？

（3）鸡蛋问题。小张卖鸡蛋，一篮鸡蛋，第一个人来买走一半，小张再送他一个。第二个人又买走一半，小张又送他一个鸡蛋。第三个人又买一半的鸡蛋，小张再送他一个。第四个人来买一半，小张再送他一个，鸡蛋正好卖完。小张总共有多少鸡蛋？

（4）桌子问题。一张方桌，砍掉一个角，还有几个角？

（5）切豆腐问题。 一块豆腐切3刀，最多能切几块？

（6）切西瓜问题。3刀切7块，吃完剩下8块皮，怎么切？

（7）纸盒问题。边长1米的方盒子能不能放下1.5米的木棍？

（8）时钟问题。12小时内，时针和分针重复多少次？

（9）折纸问题。一张1毫米厚的纸，对折1 000次，厚度有

多高？

七、中国古代的趣味数学

　　隋唐时期，在数学教育方面的一项重要举措是在国子监内设立算学馆，并相应地在科举考试中设有明算科。如隋朝国子寺（后称国字鉴）设立"算学"，置有博士2人，助教2人，招收学生80人，进行数学教育。唐沿隋制，国子监亦设置"算学"，但其设于何时则有两种说法：一说为贞观十一年，"是岁大收天下儒士……其书算各置博士学生，以备众艺"，《唐会要》也有类似记载，并且提到唐太宗多次亲临国子监视察，"国学之盛，近古未有"；另一说则称，"唐废算学，显庆元年复置"，从唐初百废待兴到社会稳定、经济繁荣和文化发达的总体情况来看，大致应是贞观初设"算学"，后曾一度被撤销，而在显庆元年又在国子监内重新添设算学馆。

　　数学在中国拥有悠久的历史，在古人的智慧中可以发现数学之美，探寻数学之趣。数学的好玩之处并不限于数学游戏。

数学中有些极具实用意义的内容，包含了深刻的奥妙，发人深思，使人惊讶。中国古代的数学广泛应用于各个领域，对中国古代的农业、天文学等的发展做出了重大贡献。其中一些脍炙人口的趣味小问题也让人们在探究中发现数学之美。

想必大家都知道著名的勾股定理，这个定理在西方最早是由古希腊哲学家毕达哥拉斯发现的，所以又称毕达哥拉斯定理，但这个定理在中国最早是由西周数学家商高发现的，他发现了"勾三、股四、弦五"的定理，比毕达哥拉斯早五百年。中国古代的数学成就是值得肯定的。中国古代的数学著作为人们留下了很多经典讨论，其中有三个最著名的问题，一直到现在仍经久不衰，有一个还被国际认证。

1.鸡兔同笼问题

鸡兔同笼问题是我国古代一道经典的数学趣题。它记载于大约1 500年前的《孙子算经》中，书中是这样描述的："今有雉兔同笼，上有三十五头，下有九十四足，问雉兔各几何？"这句话的意思是：若干只鸡兔同在一个笼子里，从上面数，有35个头；从下面数，有94只腿。求笼中各有几只鸡和兔？

解法一（假设法）：已知鸡兔共有35只，如果把兔子的两只前腿用绳子捆起来，即将兔子看作两只腿的鸡，鸡兔总的腿数是35×2=70（只），比题中说的94只要少24只，可知这24只腿是兔子，因此有兔子24÷2=12（只），所以有鸡35-12=23（只）。

解：假设全是鸡，35×2=70（只），比总腿数少，94-70=24（只），它们腿数的差4-2=2（只），因此有兔子24÷2=12（只），鸡35-12=23（只）。

解法二（方程法）：设兔有x只，则鸡有35-x只。

$$4x+2（35-x）=94$$

$$2x=24$$

$$x=12$$

$$35-12=23（只）。$$

故有鸡23只，兔12只。

解法三：（兔的腿数×总只数-总腿数）÷（兔的腿数-鸡的腿数）=鸡的只数。

总只数-鸡的只数=兔的只数。

解法四：（总腿数-鸡的腿数×总只数）÷（兔的腿数-鸡的腿数）=兔的只数。

总只数－兔的只数＝鸡的只数。

解法五：总腿数÷2－总头数＝兔的只数。

总只数－兔的只数＝鸡的只数。

解法六：鸡的只数＝（4×鸡兔总只数－鸡兔总腿数）÷2，兔的只数＝鸡兔总只数－鸡的只数6。

解法七：兔的总只数＝（鸡兔总腿数－2×鸡兔总只数）÷2，鸡的只数＝鸡兔总只数－兔的总只数。

一个简单的鸡兔同笼问题却能有如此多的解法，是不是很奇妙呢？通过对一个简单的数学问题的剖析，是否从中发现了探索的乐趣呢？在探索的过程中是否体味到数学解题思想的变幻之美呢？

2.物不知数问题

我国古代著名数学书《孙子算经》中有这样一道经典题："今有物不知其数，三三数之剩二，五五数之剩三，七七数之剩二，问物几何？"这类问题一般是求满足条件的最小数。它也是小学数学各类竞赛的常见题型，但一般书籍所给出的解法都比较抽象，不易被学生接受，本节拟提出把这类问题转化为整除问题去解决，其解题思路简捷、巧妙。

例如，算一个同类型的题目，一个数除以4、5、7都余2，这个数最小是多少？由题中条件可知，只要从所求数中减去2，则这个数必能同时被4、5、7整除。因此，只要求出4、5、7的最小公倍数，再加上2即可。

解：设所求数为x，则（$x-2$）能同时被4、5、7整除，所以（$x-2$）一定能被4、5、7的最小公倍数140整除，所以$x-2=140k$，$x=140k+2$（$k=1$，2，3……），故所求的最小数为142。

3.老鼠打洞问题

《九章算术》的"盈不足篇"中有一个很有意思的老鼠打洞问题。原文这么说的：今有垣厚十尺，两鼠对穿。大鼠日一尺，小鼠亦一尺。大鼠日自倍，小鼠日自半。问：何日相逢？各穿几何？这道题的意思就是说，有一堵十尺厚的墙，两只老鼠从两边向中间打洞。大老鼠第一天打一尺，小老鼠也是一尺。大老鼠每天的打洞进度是前一天的一倍，小老鼠每天的进度是前一天的一半。问它们几天可以相逢，相逢时各打了多少。其实这就是经典的相遇问题，只不过比一般的相遇问题稍微复杂点，因为两个物体的速度一直在变化。这道题的答案大家可以算一下。

4.百鸡问题

百鸡问题记载于中国古代约5~6世纪成书的《张丘建算经》中，该问题导致的三元不定方程组开创了"一问多答的先例"，这是过去中国古算书中所没有的，体现了中国数学的发展。

书中写道：今有鸡翁一，值钱伍；鸡母一，值钱三；鸡雏三，值钱一。凡百钱买鸡百只，问鸡翁、母、雏各几何？

意思是：公鸡每只值5文钱，母鸡每只值3文钱，而3只小鸡值1文钱。现在用100文钱买100只鸡，问：这100只鸡中公鸡、母鸡和小鸡各有多少只？

原书的答案是："答曰：鸡翁四，值钱二十；鸡母十八，值钱五十四；鸡雏七十八，值钱二十六。又答：鸡翁八，值钱四十；鸡母十一，值钱三十三，鸡雏八十一，值钱二十七。又答：鸡翁十二，值钱六十；鸡母四，值钱十二；鸡雏八十四，值钱二十八。"

这个问题流传很广，解法很多，但从现代数学观点来看，它实际是一个求不定方程整数解的问题。

解：设公鸡、母鸡、小鸡分别为x、y、z只。

则由题意知：①$x+y+z=100$，

②$5x+3y+(1/3)z=100$。

令②×3－①得$7x+4y=100$，所以$y=(100-7x)/4=25-2x+x/4$。

令$x/4=t$（t为整数），所以$x=4t$。

把$x=4t$代入$7x+4y=100$，得到$y=25-7t$，易得$z=75+3t$，所以$x=4t$，$y=25-7t$，$z=75+3t$。

因为x，y，z大于等于0，所以$4t\geqslant0$，$25-7t\geqslant0$，$75+3t\geqslant0$。

解得$0\leqslant t\leqslant25/7$

又因为t为整数，所以$t=0$，1，2，3

当$t=0$时，$x=0$，$y=25$，$z=75$；

当$t=1$时，$x=4$，$y=18$，$z=78$；

当$t=2$时，$x=8$，$y=11$，$z=81$；

当$t=3$时，$x=12$，$y=4$，$z=84$。

小小的一个百鸡问题可以看到古人的数学智慧，一题多答的解题方法也让人们感受到数学严谨之外多变的魅力。

5.李白打酒

李白街上走，提壶去打酒；

遇店加一倍，见花喝一斗；

三遇店和花，喝光壶中酒。

试问酒壶中，原有多少酒？

这是一道民间算题。题意是：李白在街上走，提着酒壶边喝边打酒，每次遇到酒店将壶中酒加1倍，每次遇到花就喝去1斗（斗是古代容量单位，1斗=10升），这样遇店见花各3次，把酒喝完。问：壶中原来有酒多少？

解：设壶中原来有酒x斗，则 $[（2x-1）\times 2-1]\times 2-1=0$，$x=\dfrac{7}{8}$。

中国古代的数学趣味问题用它多角度的解题方式锻炼了思维方式，在思维的转换中发现数学的乐趣，体味到数学之美。在中国古代重复更迭、纷然杂陈、丰富多变、神秘莫测和千奇百怪的原始印象与构图中，数学文化是最早发展起来的表现形式之一。数字很早就成为古人阐释其神秘世界图像的基本工具。在古人眼中，某个数字并不仅是这个数字本身抽象实在的数学意义（即表示数目和比较大小或多少），而是这个数字蕴含的神秘意义。在古人看来，一个数字，尤其是一些特殊的数字，是能够穷理究微、探索宇宙本原、洞悉万物变化的神奇符号。它具有一种不可捉摸、难以控制的神秘力量。

《镜花缘》中的趣味数学题

我国古代小说《镜花缘》中有许多有趣的数学题。

1.盈不足问题

一盘鲜果，每人七个多一个，每人八个少十六个，问几人分几果？

2.圆内接正方形问题

已采用圆周率为3.141 592 65。

一圆桌，直径三尺二寸，将此桌改成方桌，可得方桌长度几何？

3.等差级数问题

用金一百二十六两，打成九个依次大小的金杯，各重多少？

4.固体密度问题

有红、白玛瑙，体积为二十七立方寸，白的方一寸重二两三钱，红的方一寸重二两二钱，问红白玛瑙各重多少？

书中还给出不同金属密度，白银方一寸重九两，红铜方一寸重七两五钱，白铜一寸重六两九钱八分，黄铜一寸只重六两八钱。

5.由声速确定距离

闪后十五秒闻雷，定例一秒工夫，雷声走一百二十八丈五尺七寸，问雷声距此地多远？

6.广义鸡兔同笼问题

（1）楼上有灯两种，一种上做三大球，下缀六小球，计大小球九个为一灯。一种上做三大球，下缀十八小球，计二十一个为一灯，楼上大灯球共三百九十六，小灯球共一千四百四十，问缀六小球灯和缀十八小球灯的盏数？

（2）楼下灯有两种，一种一大球，下缀二小球，一种一大球，下缀四小球，楼下大灯球三百六十个，小灯球共一千二百，问缀二小球灯和缀四小球灯各几盏？